工作道系列丛书

会发问的人
赢得一切

TTT五个一结构工具

朱俐安◎著

漓江出版社

目 录

个角色的能力才能胜任，就是编剧、导演、演员三个角色。

古人有句话叫：工欲善其事，必先利其器。作为培训师，只有热情的投入是不够的，热情只能让你的选择比较明确，但不会让你的结果变得比较光明。也有老话说：外行看热闹，内行看门道。我们要通过对“门道”的精通，来从容应对职业化的挑战。培训师的专业化素质反映在外在形象、互动技巧、和精准表达上，掌握这三部分环节是专业化的重要标志。

准确的语言表达，首先表现在主张明确，没有主张就会用感觉代替内容，结果语言重复、表现煽情却言之无物；其次，结构简练，结构使表达的逻辑非常清晰，一二三的逻辑结构避免在一个层次上纠缠不清；最后是目的清晰，目的清晰就会减少废话，目的不清晰时，人们往往在词语或句子上不断重复，或用口头语代替思考的结果。

“成为最独特的”就是在某种意识的高度上超越

群众的个性化表达。达到一定高度或达到超越的境界，非有认识论和方法论及行动力的真功夫作基础不可。

风格能够让我们突出个性，也可以使用不同的方法达成不同的效果。但是要记住：不同的方法要达到的目的却是一样的，就是被观众和听众接受并认同。

在培训师或发言人的个性、职责与现场听众之间，一定存在着很微妙的重要因素，这就是关联。在你和你的对象之间建立起具体的、心理的、兴趣的关联是最为重要的沟通技能，甚至可以说是沟通技能的核心。

元代文人乔梦符谈到写"乐府"的章法时提出"凤头"、"猪肚"、"豹尾"的结构性比喻，一直被文体家、评论家们沿用。它要求文章：开头，像凤头那样美丽、精彩；主体，像猪肚子那样有充实、丰富的内容；结尾，像豹尾一样短而有力。这个理论在培训课程的结构上，同样适用。

我们做课程设计，就要求在逻辑上有一个基本脉络，也就是抓住让对象明理，懂法以及会做的主要关键。在这个逻辑前提下做课程的具体设计就会心中有数了。

培训组织者有时与培训师合二为一，有时又属于不同的角色，但这并不妨碍我们互相理解双方的工作特点和差异。作为培训管理者和组织者，（有时，培训师的编导角色也从事着培训现场的调度管理工

第一章

正确认识企业培训

真正有效的企业内训并不针对广泛的大众进行情绪诱导或道德说教、思想启迪，反而由具有行业或企业经验的培训师极具针对性地解决企业当下不同对象的工作问题，使培训对象获得真正有指导性的行为帮助。

结构对于任何理性表达和创造行为都是必要的先决条件。特别是在时间上有限制的培训更是如此。

一、企业培训是怎么回事

在知识爆炸的现代，人们更多地沦为理论和概念的奴隶。在行动上却缺乏有效的强调。在以管理者为培训对象的职业培训师的培训中，从一开始就解决认识论上的统一、方法论的简明，是能够在短时间内达成共识的基础。

其实，任何交流的基础除了对象双方的意愿与参与（比如参与课程训练或读这本书），都要解决交流的根本，也就是双方对于基本概念的共识。在基本概念上如果没有达成一致，所有的交流都可能是建立在泥石流上。人们基于见识、特长、秉性和教育诸因素的差异，对于同一件事情的理解通常是非常不同的，也可能似是而非。所以我认为，任何交流的基础，都要从最小的概念入手才能够进入理解的门径。

在深圳，我曾经有机会跟民营企业的经理们分享《如何做企业内部培训》，我提出的第一个问题“什么是培训？”获得了这样一些答案：

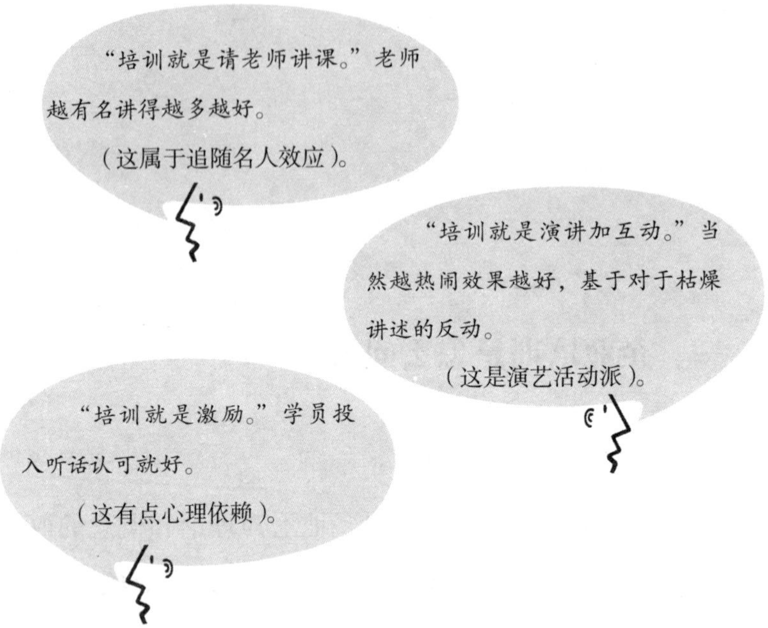

对于培训的纷杂认知在不少小企业的经理人身上是一种非常普遍的现象。

由于人们对现象感受的直接性，大部分时候，判断成为情绪化的反应，而不能成为“自圆其说”的逻辑表述；可以想象，在需要购买培训课程的时候，他们的选择将会如何。而他们需要的培训效果和花钱获得的实际收益也将因此大打折扣。

不论如何定义培训，培训是需要说服和影响直至改变人的，这是大家一致的观点。说服的“说”需要的是逻辑的力量；说服的“服”需要的是行为的改变。这两个关键也是培训师训练的基本功。

所有逻辑的表达都需要一个出发点，从最小的概念开始通常是避免歧义和达成共识的开始。

什么是培训?

培训首先是一种付费买单的有组织的企业或个人的投入活动。这里的培训师指的是职业或企业内部的专职培训师。

表现在市场上：有一呼百应、气氛热烈、社会反响能用轰动形容的会议型培训，人们争相买票，培训师的个人口才滔滔如江河之水，情理并茂的演绎后，收入和效果不亚于当红艺人的演唱会；有户外野战团队一般的生存训练和团队争霸赛；还有幼儿园到中小学的补习培训……各种形式和名目繁多的培训弄得人眼花缭乱，但并不有助于深入了解培训的行业和流派。这就像是在餐馆吃饭，人人都要吃饭，吃什么、在哪里吃、和谁吃，是相差巨大的选择，以至于有了国宴和家宴、堂吃和包厢、粤菜和川菜的种种区别。

广义上讲，培训是由主导一方控制的，参与者认可（个人或单位买单）、服从并参与的人际信息交流的活动。

但这并不代表可以了解什么是具体的培训。我们以企业内训为例：培训师是什么样的人？他如何做企业培训？培训的过程和效果如何达成？希望读者可以通过这些经验总结得以窥见步入企业培训市场的门径。

具体来说：

培训是以职业者为主体，以培训师为主导，通过宣导理念、传授知识或训练技能，改变个人行为，进而提升组织绩效的活动。

那么，怎样理解这个概念呢？首先我们来看企业培训：以职业者为主体，培训一定是以在职的各个级别的员工为对象。因为，企业付出成本和时间，靠培养内部培训师和聘请外部培训师对人员进行相应素质或技能的提升培训，是为了提高被培训对象的素质或技能，以适应他的岗位要求，从而提升企业人力资源的品质。

这种投入，企业付出了成本。如果500个人，离开工作岗位来参加三天培训，他们的工资加起来，对企业来说是一个非常大的付出，更别提全体学员的住宿和吃喝，当然还有培训师的费用，成本是很高的。所以，我们说，培训对企业来说是一个成本的付出，而且是很重要的支出，因此，在支出的时候，就要求回报，没有回报的培训，就是对企业资源的最大浪费。

那企业要求什么样的回报呢？企业的培训目的非常明确，就是两个字：绩效。所有的投入都是为了产出，所有的培训，都是为了改善员工行为，通过培训产生的影响，促使学员发生观念的、行为的转变，从而更胜任自己的工作。

从广义的培训来看，如果现场热闹，有人买票，培训就是成功的。因为有需要，会议型的推销使演讲型的培训满足了这种需要。

对有针对性需求的企业培训来说，培训师仅仅会演讲是不够的，心动不如行动。如果培训结束了，学员除了激动感动，举动却毫无变化，那将非常麻烦。仅仅让学员了解了你讲的概念和方法，甚至还要搞上几套试题，考不好降工资也是无效的，因为他照旧我行我素，没有达成任何针对性的行为改变。

如果不了解企业管理混乱、员工岗位分工不明、绩效系统缺乏公平原则的现实，却在培训时大声疾呼倡导个人成功的法则，成功激励的效果越好，企业离职流失的员工越多，效果得不偿失的情况就会出现。

企业组织了员工培训，如果员工行为得不到改变，甚至改变到相反的境地，那所有的培训都是一场闹剧或糟糕的演说。成功的有针对性的培训是你能够通过训练让培训对象心服口服，并自觉改善自己的行为或思考模式。

所以，企业培训的终极目标是：通过改善个人观念和行为，提升企业绩效。这就是公司要投入培训费用的原因。

但是，有很多企业领导和专职培训工作人员并不了解企业内训的针对性，他们会寻找演讲型的名人来公司讲课，因为脱离对于具体工作的指导，时效性不大，有时副作用很大。更多管理人员偏爱于听到大把的概念、数据分析，实际上却不能胜任自己所负责的任何一项具体工作。还有可能催化出领导者对于成功的过高预期，世界五百强、中国第一等自我催眠的口号令一些人超越自己成长的路径，去求得更高更快更大更强的目标。这些知识层面的概念宣讲因为缺乏针对性，反而对于受训者带来不利的影响，使很多人陷于“培训是一种忽悠”的误区。

这是一种选择和判断范围狭隘带来的武断结论。

对于一个培训师来说，形成自己的影响力和风格，并能够在挑剔的市场竞争中生存并获得认可，对于人性的清醒洞察、特定的职业历练和高度的教练技术，是比单纯的演讲能力更为重要和具有挑战性的要素。

真正有效的企业内训并不针对广泛的大众进行情绪诱导或道德说教、思想启迪，反而由具有行业或企业经验的培训师极具针对性地解决企业当下不同对象的工作问题，使培训对象获得真正有指导性的行为帮助。

为了更好地理解培训这样一个职业的内涵，我们先看一下“培训师”这个概念。这个“师”也是“老师”的“师”，韩愈在《师说》里讲过：“师者，传道授业解惑也。”培训师，当然也有他的传“道”授“业”解“惑”的方法。没有这种认知，就会陷于只知有我不知有他、“独上高楼，望尽天涯路”的孤芳自赏，这样的人常常口若悬河，文采比喻段子幽默杂然而陈，让听众成为其口才的崇拜者；或陷入只知有物不知有人的对象盲区，这样的人经常乐于分享自己在某些外企或国企的制度性文本经验，让人看到图标的精美和推理的富有逻辑并叹为观止，却不知听众的水平条件难以消化需求不同难以复制；甚至自说自话地盲人摸象，从未知道有对象和对象需求这回事。没有任何经验的初入门者，以为靠口才或背诵一本书就可以成为导师，也是司空见惯的事。

培训既然是为达成行为改变从而提升绩效的活动，就一定要求在既定的时间内达成对参与对象的最大了解，通过了解和掌握对象的疑惑，运用方法解决问题，这就需要把韩愈的“传道、授业、解惑”变成培训的可操作的核心结构。

二、培训的核心结构：讲理念、教方法、做训练

结构对于任何理性表达和创造行为都是必要的先决条件。特别是在时间上有限制的培训更是如此。

表达上没有结构就没有美感，就会使语言沦为废话或单纯的情绪泡沫。行动过程中没有变化就非常乏味，不足以引起任

何关注。

作为表达与活动融为一体的培训，它的核心结构就像盖房子先要有图纸一样重要。没有图纸设计就开始的施工，哪怕用汉白玉和黄金作材料，都会在改改修修中看不到伟大完整的建筑；同样，没有核心结构作支撑，培训就会成为散乱的聊天，单靠丰富的感受和聪明的反应是不能呈现完整的知识结构和吸引人的课程作品的，当然，更不能改变或影响学员的身心。

关于培训的结构，可以理解为三个层次：

1. 讲理念

宣导一种理念，解决观念问题，他的头脑必须认同你，通过说明和界定及推演，理解你讲的这个观点和宣导的理念，这是沟通双方达成共识的基础。

2. 教方法

工具的出现是为了提高或训练人的大脑对于信息的记忆度。讲清楚一个工具的用法，或教导一个你的学员没有明白的知识，使他能够通过掌握这个工具或知识从而提高技能或见识。虽然从某种程度上说，对于工具的图标的记忆也会带来对于灵活思想和真正行动的阻碍，但是人类的经受训练的大脑，就是渴求着知识的严整和明确，给予你的对象一点新鲜的、可以使用的工具，来使他的大脑更顺利地理解丰富杂乱的概念世界，显然是非常必要的。

3. 做训练

训练是让学员在认同理念和方法的前提下，掌握工具和方法的使用的关键环节，也是行为改变的核心。人们最常犯的错误是用想象代替行动，这种习惯带来的极大误区，就是人们过分相信自己大脑的智能，并不恰当地把想象的行为或对于别人的评判能力当成了自己能够做出来或做得更好的根据，从而失去了验证自己能力的机会。而适当的准确的行为训练无异于最好的镜子，可以帮助人们发现自己的行动能力的真相。

我相信这是对于学员和我们所有人最大的帮助。也是我要深入具体分享的教法。

从韩愈的《师说》的教诲上看，传道授业解惑已经完整地概括了老师的责任。这里的“道”就是大道，做人之道，天人合一之道，敬天地、畏鬼神之道，教会学生做人和做事的方法，或在你自己的观点中表达你对于事物和行为的认识，这都是在传播着信仰层面的世界观的认知。信仰什么并不重要。真、善、美就是“道”，掌握了这个基本的大“道”，老师和对象在交流中是在互相分享，共同提升，没有人能代替别人存在。应该允许出现与老师的观点相左的认知，老师要做的是应该肯定他的存在和表达的权利，给予他另外的一种可能。因为，这种不同提供了人是不一样的个体的真相。老师的客观性和允许不同意见存在的心胸是非常必要的传“道”的条件。

“业”是指“术业有专攻”的业。专业技能，对于任何行业任何人都是必要的谋生手段，世界因为不同人的不同爱好和专业而丰富和有趣。在培训中，这个专业的“业”指的是传授特定的知识和技能，或讲清楚一个工具的用法，帮助学员开拓眼界，提高效率。

在分享层面上，老师提供的知识和特定方法具有集中的优势，能够在学生的实践中通过评判和讨论拓宽学员的眼界或扩大他们对于能力认知的经验，或者帮助他们发现自己的局限。这都是需要精通方法，才可以做到的。在这里，老师讲的方法自己不会用，老师表达的方式有问题，都足以影响学员的信任。

能够做到“我说的我必信，我信的我必做，我做的我必得”，就可以做到“术业有专攻”并可以传授给他人了。这也会进一步强化对象的认同。否则，就会带来“只会说不会做，只会想不会说，啥都说了都没结果”的混乱状况。

没有经验和体验的人和有经验体验的人说一样的结论，效果是大相径庭的。这是因为真知是有质量和密度的信息，能够穿越大脑到达心灵；反之，说得越多，对方越混乱，留下一堆不知所云的印象，也就是所谓的“以其昏昏，使人昭昭”，这是经常发生的事情。所以实践出真知，影响力是心灵的信仰带来的，不是你在那里口若悬河就能形成的。

解“惑”的“惑”是“疑惑”也就是问题。

问题永远存在，而且不可杜绝，只能面对。因为人生就是问题的海洋，人生就是通过问题成长。

在短暂的培训时间里，抓住并了解学员的问题，才能找到解决的方向；明了学员的困惑，才能抓住学员的注意力。让学员发现自己的问题才能帮助他们面对。面对，才有解决问题的机会。

如何通过技巧和设计让学员显示或表达他们的问题，是成功训练中最为重要的关键。

所以训练成为培训中最为重要的，也是不可缺少的环节。

当然，这是个双向的评估过程。学员也在评估老师的判断水平甚至人格。宽广的胸怀和恰当的教法能避免老师犯错。老师不是道德审判官或裁判员，老师是问题的引导者，他引发思考的深度。在回放录像时，老师和学员又同时是事实的发现者，他令所有人看清真相，而真相是不会产生异议的。

由此，培训是一个以互动为主的、“教学相长”的有结构性目的性的分享过程。

所谓训练，就是主客体的现场互动。由老师主讲，到学员开口；由学员表现，到自我评价，到老师点评，构成训练的动态韵律的互动。因为人们只有参加活动，才能在活动的录像回放时自我观照，才能在看到自己的行为时有所感悟，才能现场得到老师的教练指导。

没有经历，不成经验

做培训的时候，培训师不要炫耀自己懂得多少专业知识，因为专业知识没有被别人接受的时候一文不值。这就是知识和智慧的差异，智慧是让别人接受，知识是自己接收。自己接收却没有达成转化或活用，学得越多，脑子越累，累白了头发，自己没有从知识中出来，别人还是不理解你的知识的价值。有知识的人除了自负并不能带给别人影响，带给自己自由，很多有才华的人都是迷失在知识丰富的假象中，从未活在智慧的领域里。

培训师要具备在最短时间内介入对象认知、提供关键方法、改变对方行为的训练能力，这得经过实践积累和专业训练。介入对象认知的最近道路就是由厘清概念入手。

认知：从最小的概念入手达成共识。概念的内涵和外延，形成知识的推理，会带来逻辑的陈述，一是一，二是二，有一个逻辑推理的过程。所以要点是技术或者工具的教授，一个工具等于一个逻辑，工具越简明，别人记住得越快，它形成的逻辑别人就记住了。就像我们学太极，一个阴阳图，这边阴，那边阳，一生二，二生三，三生万物就出来了，它的结构性图形对我们掌握知识是最重要的。你做课程或是你做文字宣传的时候，除了你的感性文字，你有没有一个概念延伸出来的知识结构，有没有图表一目了然地告诉受众你要表达的东西？人们都懂得了概念和方法，但还是不会做。我们的教育是让人会说不做，会说会考，但做起来啥都不像样子。这是由于缺乏第三步，这是我们培训中要解决的关键步骤，行为的训练步骤。

一个人必须行动，他不做，将永远不会。培训最大的特点就是教练。要使你的培训有效，就既要去教导也要去训练，培训师最重要的技能是教练。如果你不懂得通过特定方法让别人找到路径解决如何做的问题，不明白如何去教会对象“怎么做”，那人们不会认为你有料。

我认识一个培训师，把自己要讲的国外认证课程录下来，打印成很厚一本，他讲了十年后，人们发现，怎么例子十年都不变呢？因为那是他背的结果。因为他不会自我成长，他只是把自己当成了背书匠，而不是指导者，没有从背诵的知识中得到任何提高智慧的可能。最后，他因为身体的关系几乎无法“背”

课了。做自己不喜欢的事情也可以过一辈子，但会废掉自己的活力甚至健康。假如一个给别人以生活、工作指引的教练，自己都没有通过成长和付出、热爱和投入获得益处，不能做到言传身教，他又能给学员什么呢？

所以做培训师绝不是照本宣科那么简单，他必须对职业有热爱，对专业有体会，对投入有感悟，才可能在日复一日的分享中使自己和学员共同成长。专业精通是成为教练的保证，正确引导一定能让学员有所行动，然后培训师可以通过瞄准、询问、开放、聚焦、指点、纠正、建议，体现自己的教练水准，并帮助受训对象获益。

这中间有一个问题：如果培训师没有经验，想训练学员行不行？你要给人一碗水，自己就得有一桶水。那些职业者可不是白吃饭的，对培训师比对老师的要求高多了。

我们要想教会别人，必须自己先弄懂。没有经历，不成经验。你必须先有经历，才能有最真实的感悟，这种感悟才能构成你知识的土壤，它们属于你。不需要背诵也不会忘记，它能够为你在职业经历中带来自由。否则，一个总是背诵别人经验的老师是不可能真正有益于学员的。

所以，每一个培训师最重要的工作就是拥有一定的工作经验并对这个经验有所认识和提炼。或拥有行业的经验能够指导那些缺乏经验的新手；或者社会工作背景，足以让你通过阅人达成人际关系的洞察借以指导他人。

第二章

培训师的角色

职业经历的积累和对培训师角色的认定，会使我们变成一个非常有动力的学习者。因为培训师在影响特定对象上的要求很苛刻，和一般教育者在效果关注方面的差异，促使职业培训师必须具备多种复合技能。

对象上，对成年人吸收知识的心理习惯和不同方式要了解；

语言上，对职场不同角色的心理和行为习惯要有感受；

内容上，对不同企业的不同职级对象的工作问题要有了解；

沟通上，对人性的差异化和同质性要有专业认识；

控场上，对单位时间内的内容及效果的把控要有预估；

这简直就是一个复合型人才的模型。

做一名复合型人才的培训师，起码要具备编剧、导演、演员三个角色的能力才能胜任。

一、编剧：为培训预先设计一个“好剧本”

培训师的编剧能力，是指在培训前，先有能力为培训设计一个整体结构。从市场角度，吸引什么样的观众，必须被首先考虑。对象实际上是课程能否成功、被认可的关键。这相当于市场营销中的精准定位。

就像编剧要写出一个好的剧本，这个剧本的素材必须要丰富到使你拥有创造的冲动，你心中要有一个故事的轮廓，这个故事还得足以打动人，帮你创造对观众的吸引力。

员工作为培训对象受训，中层管理人员作为学员听课，总经理作为学员交流，这是完全不一样的对象互动。没有对于不同对象的了解和把握，是一个培训师最大的冒险。即使是区分了不同的对象，对于不同行业同等职称学员的差异化需求不了解也是冒险。房地产行业的总经理与美容化妆品行业的董事长就差别巨大。

培训前，作为编剧的培训师必须要做大量的调研、沟通和案头研究工作，以明了具体对象的具体水准和明确要求。实际操作中，级别越高的学员对于培训需求越模糊，要求越高；级别越低的对象对于培训需求越具体，要求越明晰；这与实际负责培训组织的工作人员的级别与工作对象的限制有关。

培训师必须清楚其中的差别，在高层培训前，遇到需求不十分明确的状况，必要时要求做学员电话访谈会比较能够帮助到课程的设计；基层和中层培训前，必要的培训需求问卷设计十分必要，特别是一些培训系统还不十分成熟的企业，刚开始有培训的需求，要求往往十分模糊，此时，就需要培训师通过调研帮助客户摸准需求再明确培训重点。最难的培训是高层中层基层一起培训，高层关注的往往是战略决策因素和案例，中层关注情节与方法论，基层则关注实用和以身作则。能够令所有人满意的培训除了诗词欣赏等知识普及性的讲座，其他都很难。

课程设计要适合特定对象

对象及需求重点确定后，就可以开始课程设计的工作了。这个设计决定我们能不能把这个培训做到最好。能不能被对象接受，就像故事能不能吸引人一样，这里需要情节的设计、角色的安排、道具的使用和情绪的调动。

编剧解决的是培训的结构问题，它是决定培训效果的重要基础。缺乏结构安排的故事情节，有多少明星和噱头都不能令人难忘，许多受过太多高密度培训的企业里的内训师，收集课件、故事、格言、动画、电影、数据、图表成为习惯，除了助长占有的贪婪，对于把课讲得更好用处不大。因为贪婪的人对于收集的东西没有兴趣，只对满足收集的行为感兴趣。

我们要特别关注课件本身，而并不关注受训对象。对象永远是千差万别的。一个人你今年见他和明年见他是不一样的，有的人你今天见他和明天见他都不一样，更别提在两个不同地方的不同的人，他们的想法、情绪、教养、文化、生活都不一样。怎么能试图用一个课程去解决所有人的全部问题呢？那是不可能的。所以，培训通常设计为解决对象的某一类具体问题而不是全部。

同一个《市场营销》课程，一个总经理和营销经理对于它的需求也是大相径庭的。前者是着眼于基于全盘判断的决策思考需要的研讨训练，后者是为战略实际落实和营销动作执行管控所做的练习，他们的重点是完全不一样的。至于一个好的决策，当时合适的方案能否在落实过程中真正有效，答案依然是不确定的。所以每个人能够在自己的岗位上各负其责才是成功的保证。好多年前，我从广州回深圳坐城际快车，座椅上的布套上印着广州移动的套餐介绍，没有放大镜，我鼻子都快挨上座椅套也未能看清一个字。印在纸上的字和印在布上的表格是两回事，从中我们可以看出责任的缺失。或者做这些工作的人是无心人。正是因为此种现象无所不在，培训师要引导的除了方法还有责任。不要期望有人为我们要求的结果负全责，管理者要有监控的方法，操作者要有尽责的行为和被监督的制度，如此才可以避免不良后果。

基于对象的行为和结果的培训过程设计一定是培训的重点，也是培训或管理的核心工作。

课程设计要先解决目的和对象问题

所以在专业的课程设计中，我们一定强调满足不同对象的结构类型，就是课程一定要通过结构体现主要目的和训练诉求。这结构一定要适用于你的特定对象而不是所有人，适合针对特定对象和概念的厘清和行为的推动。如果结构上设计的情节安排不能推动对象的参与和促进心理及行为变化，那么，打动人和改变人都是不可能的。

针对对象的认同，结构三段论要做到：认识讲清楚，方法教明确，行动要参与。

认识涉及概念的统一，方法涉及是否有价值，行为取决于参与的深度。培训对学员的知识和见识有增值性，对他的传播和利用有触动。给他一个观点、一个方法或一个工具，最短时间内，他要在你的带领下通过训练掌握足以增加他的才干的方法。

这其中的重点是你想让对象做什么——行动。现场让学员演示他以为早已掌握或已经掌握的方法，会令所有人吃惊。因为习惯绝不是方法。在习惯中自欺的人们往往经过现场训练看到自我的真相。他们会惊讶地发现，自己说出来的道理在自己行动的过程中早已灰飞烟灭。所说所做完全不是一个人或一回事。训练能够令所有学员忘记评判，直接观察自己。也有很多人看不到自己的不足，因为他们的心在沉睡中。更高层的管理者会在训练中表现得突飞猛进。经历过专业训练的人行动起来有更高的效率与更好的效果。

想让客户买单，培训就必须设计买单的环节。如果你想让客户心动，你就必须能讲出收益，也就是说培训师做编剧时，要根据目的来决定对所有素材如何使用。能够令对象明晰概念、学到方法、有切身体验就是培训师的编剧目的。明确这个目的是结构设计的前提。

这是一个编剧的功夫，你必须有生活经验、工作准备，对对象了解，才能有设计；在此基础上根据对象和时间把你的丰富的素材做好剪裁和取舍，你的结构才能完整。所以，它完全建立在对象和目的明确的前提下。眼里没有对象就不存在成功的编剧。

这就像我们建一座房子，你要选准地址，先画图纸，后搞建设。

给什么人使用是第一要考虑的问题。没有这个对对象的需求的回答，我们就会迷失在自我的一厢情愿中。一个要求简朴乡村风格的人，你盖了一座粉红宫殿给他，他恐怕是不会付钱的。一个官方办公建筑，你做成了乡间别墅，也是功能错误。所以，作为培训师，如果你满足于一句名言、一个精彩的案例、一个新奇的活动，满足于一个课件本身的完美，那就等于给了你一块汉白玉，无论如何打磨，哪怕能照出人影儿，但它都还不是一个精美的艺术品，凭借材料本身，它不能成为任何有价值的东西。只有在设计师的手中，它成为那个广场上的华表，或者成为设计要求的仿古三重进深的大院的台阶，汉白玉才有了位置，也有了价值。它成了那个整体设计的一部分，进而成为恢弘建筑的一部分。

我们的任何一点体会和经验，如果没有针对学员的问题所设计的课程来衬托，并与他们的反应相呼应，都会成为风过不留痕的苍白呓语。材料需要结构的大厦来承载，故事需要对象来认可，培训师的课程必须满足企业和受训者的双重需要才可能被连续买单。

这就是我们要了解结构设计对培训师的重要性的意义。它是培训的基础，是经验的冰山部分。

二、导演：为完成培训调配所有资源

一旦进入培训现场，就像导演君临剧组。导演最为重要的职能是组织调配资源，最有效率地完成整个故事的拍摄。

使一个好的故事不因为细节的穿帮和资源的捉襟见肘而毁灭，也不会因为对于演员个性的忽略和错误使用而令剧情褪色——在导演心中，不能把自己当成主演使学员变成配角。学员是永远的主角，关键是能够调动起主演的热情和能量，还要懂得红花也要绿叶扶的道理，能够为剧情的顺利演绎充分调配好所有资源，就能够展示精彩纷呈的剧情。

俄国的剧作家契诃夫曾经有一个比喻：假如一个编剧，让剧中第一幕的墙上出现一把枪，那第三幕就一定有人开枪，否则这个设计是没有用处的。大家一定要记得，当你为培训做了所有设计，像如何组建一个团队，做一个什么样的桌牌，在开

培训师一定要懂得利用资源达成目的。胸有成竹，是指对脚本的设计了然于心，对主演的能力有足够了解，对观众的好恶了如指掌。到了现场，就不是脚本的问题，而是导演指挥的效果问题，想法和故事转变成作品的问题，导演把自己的审美通过组织人力物力再现的问题。这就要求培训师要具备合作和调度的能力，掌握角色互动的能力，引导作为演员的学员进入角色、进入现场情境的沟通指导能力。

场和课间各用一段什么样的音乐，演练是否需要道具，一段录像的作用是为了什么，为了角色演练需要准备摄像机，为了回放录像还要记得音频线是否好用……这些东西都是你的资源，你做了，就一定是有目的的，导演一定得了解为什么要用道具，要达成什么目的，这个我们后面详细讲。

当你使用这些道具时，有些学员会说：不要搞得这么花里胡哨。这样说话的人一般是理性思维、很自我的管理者，他参加培训开营式，学员们刚开始做自我介绍，他就不耐烦了，建议老师直接讲课。工作中我们会遇到很多这样的人，因为位置，一言九鼎，不容辩驳，直接忽略对象的反应和接收方式，粗暴强加自己的方式给别人。但实际上，想让 20 岁左右的新员工，坐 6 小时，周围谁也不认识，他能听得下去任何布道吗？他非睡着不可。

人接受信息的方式和习惯有很大差异。不了解这种差异，就有对牛弹琴的危险。理性和感性思维接受信息的方式是不一样的，理性思维愿意通过语言进行逻辑思考，不爱行动却爱评判。

在评判的角度上待久了，忘记了自己要学习什么，只是按照习惯辨别并排除自己经验外的东西。

编剧要针对这样的学员设计让他成为重要角色，给他评判自己的机会。

永葆旺盛的学习力

行动是年轻人的特权，他们好动的天性和旺盛的精力，使他们坐不住，也缺乏阅历去思辨，他们可以从游戏的行为互动中获得经验，也获得快乐，同时获得最深的感悟。

有一年，我为中国移动福建公司的年轻管理者们做管理培训，其中大部分人是来自于技术岗位的年轻人，着重于技术研发，不善于管理下属。课程中，做了一个搭钉子的游戏，在一个钉子上放上所有其他钉子，还要能做到不借助任何外力而不倒塌，条件是一个能插入一颗钉子的盒子。游戏一开始，从认为不可能到积极试探，现场热烈。

讨论时，我以“假如搭钉子作为一个工作目标，所有钉子都属于团队成员，你作为管理者从中得到了什么启示？”为题，让每个组自己总结从中获得了什么样的启示，结果深受感动。各组学员们纷纷发言：没有什么目标是不可能的；团队一定要有个主心骨，领导不需要动手但需要鼓劲；只有齐心协力才能平衡；一个人是做不成事的；团队要搞好主次分工；也需要向外取经……一共分享了将近20条经验。

这是培训师靠讲课无法令大家接受的真正体悟，而他们通过一个有难度的游戏居然顿悟了。

这种精彩的互动在导演的引导下会超越编剧的想象。反对游戏的成年人往往都是思想僵化的个人主义者，不但缺乏创造力，也缺乏灵活的思辨训练，拒绝尝试新的行为，这也是固步自封的表现。警惕成人头脑的僵化也是培训中要注意到的现象；但不能直接反对，而要因势利导。这个“势”和“导”都是导演的功夫。**所以，见识的高度、独特有效的方法和深厚的人生经验永远是打造优秀导演的基础。**

培训师也要有新鲜感，像孩子一样，保持永远旺盛的学习力。这样，你就要研究你的对象，根据对象的不同习性因势利导，让演员能够发掘出他身上的亮点和自己都不清楚的潜能。他年纪长一些，比较理性，你的要求就要逻辑严谨，情节设计就要触及他的深层经验和激情；他年纪轻轻，你就要比喻激励相结合，互动“打斗”多一点，使他们更容易在激烈的对抗中获得到所要的感悟。

充分调动资源，人尽其才，物尽其用

不是我们按自己的喜好去培训，我们的喜好只代表人群中很少一部分人。重要的是调动，是调动所有演员的参与积极性，并通过情节的推动让演员们入戏并全力投入，表现出最好的自己。

这就是导演，一定要用不同的演员去演一出戏；调动所有资源让所有的演员入戏，这是培训师要做到的。

更重要的是，通过组织和导演过程，要能够在实现目标的过程中，发现自己和所有团队成员的长处与弱点，这样才能人尽其才，物尽其用。能从自己的弱点中学习并改善，从别人的弱点中看到帮助他改善的机会。为什么？发现自己有弱点，才能换位思考，将心比心，这样别人才更容易理解你，你才不会用自己来代替别人。

否则，把自己当作完人，居高临下指导学员，不承认也看不到自己的弱点，这样的培训现场无法创造互动的活力，也无法创造所有人投入学习的氛围。一个自以为是的“神”总是能引起太多逆反。

一个好的调度资源为目的所用的导演，是一个谦虚的人，平等待人的人，从全局上懂得为结果付出的人。当然，他要对每一个角色每一个道具为什么使用都心知肚明，这样才能掌控过程，才能和学员一起创作出好的作品。

所以，我们说导演是把所有资源变换成能量的人。如果你能把所有资源变换成能量，你就会借别人之力，来成就他人，最终来成就自我。如果没有这个，是不可能有成就的。

曾经有一个年轻的培训师对我说：“朱老师，我特喜欢做培训，因为我可以让所有人快乐，那是做我们这行最幸福的，对吗？”

我说：“我不敢像你这么想。因为我不太确信，我能让所有人快乐。因为决定一个人快不快乐的是他自己。”你没有办法让一个不快乐的人立刻快乐起来。如果一个人不想要，你给他他就快乐了吗？所有人都要通过自我才能改变。如果他自己不变，你永远无法改变他。

当你设计好了脚本，你知道用什么样的演员演出，用什么样的资源、手段去表现最佳的场景和人物，通过什么手段布景和工具达到最佳的演出效果，用什么样的手段令演员超越他对于自己的预期，然后，演员登场了。

三、演员：带领学员完成互动学习

导演一讲开拍：没什么可以再回头了。你已经站上讲台，要面对那么多学员，此时，你已经成为这些人心目中的培训师，不论是什么，你都得带领学员走过一场互动之旅。

在最短时间内表现出吸引力、驾驭力和调动现场气氛的能力，当然，在问题出现时你的掌控力和应变力也十分重要。

这些就是我们要学习的部分，也是我们在走向讲台前要预习的部分。

当然，你会发现一个非常麻烦的事情就是紧张。谁不紧张？谁会很紧张？从未有过经验的人一定有对未知的紧张；已经有过经验的我们介乎有点紧张，又不是很紧张之间。假如上了台就把紧张通过投入的角色演绎、娴熟的经验处理，转化成为自由和不紧张，那么，你的经验就能够给你带来非常大的信心，让你觉得你能够完满地完成这场演出。这就是：拥有情理并重的内容影响力，声情并茂的语言感染力，完美无缺的肢体语言与角色互动协调能力，遇到问题不慌不忙从容处理的应变能力。

一个演员是需要磨练演技的。一个演员的形象是否专业，语言表达是否流利，讲课过程是否符合逻辑并生动有趣，和学员之间是否有尊重和互动，对于你的台词和现场发挥水平的影响，以及能否通过这一切深刻表现出你的职业素养至关重要。从穿着到语言发音，从手势到眼神是否进行交流，从讨论到点评是否有料，每一个环节，作为演员的角色，一个培训师都要接受学员的评估，他们根据此种表现决定自己是入戏还是出戏。

能够引领学员入戏，自己全情投入，又能保持引领者的客观，这样的培训师的表现是需要积累和训练的。给自己时间去经历去成长，开放自我而不是封闭心灵，谦卑地吸收智慧而不是盲目地自尊自大。懂得自身修养是“水滴石穿非一日之功”；懂得“打铁还得自身硬”的自我训练；懂得没有客户和倾听的对象，所有经验都没有用武之地，没有客户买单的认可，自己的才华只能自赏。到有机会上场服务客户时，要对情节和现场有把握，对角色和学员有认知，对自己所经历的一切怀有感恩之情，就可以开始修炼中的成长、分享中的进步了。教学相长的效果就成为职业的丰硕果实。

小结：作为一个拥有编剧、导演、演员三重角色的培训者，能够对自己在培训的不同阶段所做的工作有明确认知是非常必要的。培训前的调研和了解是对于对象需求的摸底，培训提案是基于对培训对象的问题的把握而进行的课程设计，培训签约后重要的是对于现场培训的实际把握和控制能力，这些，足以使职业培训师成为一个有效率的管理者和组织者。

第三章

看清培训的门道

古人有句话叫：工欲善其事，必先利其器。作为培训师，只有热情的投入是不够的，热情只能让你的选择比较明确，但不会让你的结果变得比较光明。也有老话说：外行看热闹，内行看门道。我们要通过对“门道”的精通，来从容应对职业化的挑战。

培训师的专业化素质反映在外在形象、互动技巧和精准表达上。掌握这三部分环节是专业化的重要标志。

一、肢体语言构成的外在形象

培训师的演员角色指的就是这部分。你必须通过非常端庄挺拔的站姿、专注灵活的眼神和有表现力的手势来展示职业培训师的专业形象。

学员对培训师的形象是有心理预期的，就像任何普通人都对权威制服表现出尊敬一样，培训师的着装体现着形象的专业和场合的郑重。作为对象的学员第一眼对你所做的评判是“像不像”。

所以职业风范、眼神、手势和动作这些打造我们外在形象的基础规范都是我们要练习的。

在台上要保持很端正的站姿，重心不要偏移，放松身体，面带微笑，这些经过训练都是可以做到的。可以自己录下来观看，然后改进自己的站姿，如果您要坐着讲课，坐端正，不要让身体和头部歪斜。脱离讲稿才能表现专业，如果一直对着稿子念，再端庄也是念稿子的工具而不是学习的引领者，是填鸭教学而不是互动的培训。

在穿着上要正式，不要随便，也不能太戏剧化。随便休闲装上场，对自己的职业形象不尊重；太戏剧化，不符合这个职业的庄重感。着装不当，也会影响学员对您教学水平的认知。以衣帽取人是人的社会习惯，很少有人能超越这个习惯。

而站在讲台上的培训师，身份和职业都要求你尊重学员对这个职业的要求，穿着正式是没错的。男培训师要着正式的西装，女培训师最好是职业套装，注意鞋子和服装的搭配。不要戴夸张的首饰，不要穿得像在跳舞一般。有一次，参观一个工厂企业，看见他们的内训师在讲课，穿着丝绸质地的红衣绿裤，坐在一群穿工装的员工面前讲课，很扎眼，很不舒服。有很多礼仪课程主讲这方面的内容，这里就不多讲了。我想重点跟大家分享一下眼神对职业培训师和演讲者的独特意义。

实践技能之一：眼神的运用技巧

培训中，能体现培训师自信的不仅仅是你授课的内容，还来自于你的肢体表达和眼神的运用。

一个非常自信的人，他会用非常宏亮而有节制的声音说话，但如果他的肢体语言和眼神运用得不好，就会失去对现场的控制。那么现场的控制来源于什么呢？行动和眼神。

任何培训师或管理者在公开演讲时，都要懂得用眼神来控制局面，千万不要让你的眼神游离或看着不重要的地方。俗话说："眼睛是心灵的窗子。"控制人的心灵，影响人的判断，都得经过这扇窗子。**一个从未与交流对象或学员做眼神接触互动的人，是被学员和观众评估的被动角色，而非控制者或影响者。**

在培训现场，最重要的地方是哪里呢？是所有学员的眼睛。如果你能在培训现场看着所有学员的眼睛，你的控制一定是专业的。因为能够用眼神交流不但表现出你对内容的精熟，可以脱稿，还意味着你可以控制现场，使学员不至于溜号。但大部分没有训练的人都做不到这一点，他们只能照本宣科，也放弃了与对象做心灵交流的机会，从而使自己的语言偏重于表达强势的自我，却失去了对对象的吸引力。当你不能注视并控制别人时，别人怎么会有你希望的反应呢？所以培训师一定要注意眼神的训练。

这里和大家分享一下眼神的应用技巧：

（1）平视

在培训中，正确的视线是和对方平视，这种方式能带来平等交流的感觉，容易建立信任，闭着眼和别人交流的人除了傲慢就是自卑。

我们的视线要落在对方以双眼为底线，眉心和鼻头为顶点构成的上下两个三角区之间。视线停留在这个位置，要么上顶点，要么鼻头，避免直接盯着对方的瞳孔。

这是正确的目光所及的一个位置。

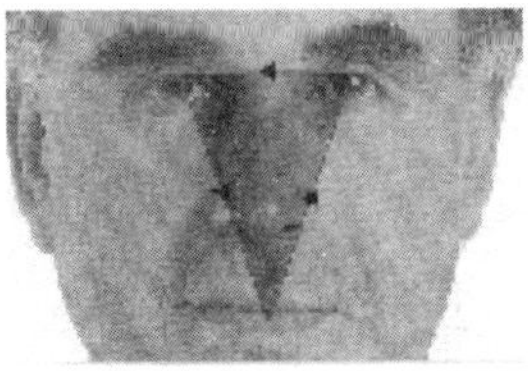

平视是在对重点内容和重点人物的交流中使用最多的一种。除非会场非常大，你没有机会使用这种交流法，否则，平视将极大提高你的演讲效果，因为它可以控制对方的注意力。在平视时，通常你会有节奏地强调你的重点词并用眼神告诉他们希望对方记住。人数超过500人以上的大会场，也一样需要眼神落在听众面部三角区的水平位置，它会帮助你实现用强大的气场笼罩住听众。否则，气场就不会聚焦。

（2）仰视

仰视时，头向下低或侧扬，眼神向上，是表示对对方的尊重，仰视是一种儿童视角，会让我们显得比较弱小，处在尊重对方的地位，让对方有优越感。在培训现场避免这样的眼神出现。

（3）俯视

俯视时下颚向上抬起，眼神会显露出傲慢。斜视容易在侧脸时发生。这两种目光都将使交流对象心里产生抵触感，避免使用。俯视的动作经常发生，但通常自己是注意不到的。要通过大量的练习、录像、回放，才能够看到自己视线的偏差。有这种习惯的人通常习惯双手抱肘或交叉在胸前，这都容易使观众心里产生傲慢的印象。

（4）虚视

在视线所及的现场范围和众多对象做目光交流。想象以现场学员或听众的眼睛水平线为顶点，会场中间是一个横放的十字，你的眼神以那个十字的中心为落点，用这种眼神笼罩现场所有人，但又不聚焦于某一个人的面孔，叫虚视。通常在开头或结尾，或讲述综合性内容时，用于和所有人的交流，语速可以稍稍快些。

（5）环视

环视是什么呢？环视是在讲解内容的概述、导语部分或强调内容重点时，将眼神从左至右扫过全场的互动过程。这个环视过程和语速一定要慢，视线与头部保持一致。最容易出现的错误是眼神动头部不动，结果让人感到贼头贼脑。不要怕慢，要缓慢转动头部，使眼神循序扫过现场的每一个角落。视线要聚焦在不同地方的人面部正确的三角区位置。当你这样环视时，要有间断性的停留，以造成眼神的对接和交流，而不是慌忙移走视线。这会用在某些强调性的内容上。这种环视在注视特定对象的些微停顿时，会给学员带来某种轻微的心理压力，从而使其点头赞许。

眼神运用不到位的人，通常是心中没有对象，只有头脑中的内容。只盯着一个方向一个人大讲特讲，通常是寻找同盟或赞同者的下意识的行为，很少是主动的控制行为。

实践技能之二：手势的运用技巧

手势是语言表达的有力辅助。手势本身能够强化或弱化语言表达的意义。想要与别人做有效的交流并塑造自己的专业形象或权威姿态，就一定注意手势的运用。心理学中，专家们系统地研究了多种肢体语言的意义。我们可以多学习以提高自己运用肢体语言的能力，更重要的是你能够通过对象的肢体语言看到他们的内在心理，这对于交流将有非常实际的指导意义。

很多人不看录像时，从来不知道：在课堂上或会议中，因为紧张或不自觉，大部分人都会觉得手没有地方放。

于是，那个没有地方放的手要么放在裤子的口袋里，原本笔挺的身姿改变了；或者放在肚子上，表现出的形象非常保守；或者插在腰间，表现出傲慢或粗鲁；或者抱着双肘，显示拒人千里的自我防御。大部分情形，这双手会不自觉地下意识地抖动，与语言表达的内容脱节，并因其乱动，而吸引别人的眼光，干扰内容的表达。

其实，只要安顿好一只手，我们的形象就会整体改观。我们可以用文件夹或一支笔把一只手用好，避免它乱动；也可以用双手扶住讲台，直视学员使自己变得很自信有力；也可以用一只话筒令自己的手找到归属。但要避免双手抱住话筒，那会让您的形象显得幼稚。当你熟练掌握了心的语言和手的配合时，这些基础动作可以忽略，我们会有意识地使用手势来加强语言的表现力。

所以，学习使用手势来加强内容说服的含义，树立培训师的权威，避免形成歧义是非常重要的练习。下面我们来看看常用来增加说服力的几种手势：

（1）交流

双手前伸，掌心向上，坦诚打开。它适用于开放的表达，对于心态和姿态的强调，比如：我非常愿意和大家分享我在这个现场的感受。

（2）拒绝

掌心向下做横扫状，表示拒绝和不认可时的肢体语言。注意所有动作皆要大开大合，展开到位，手掌不要越过身体的中线。

（3）区分

手掌竖放，在肩和腰部之间的上下移动，如："今天我要和大家分享客户服务的投诉处理技巧，它将分三个部分：① 如何理解客户投诉？② 如何处理客户投诉？③ 客户投诉处理的案例分享。"

这时候，手势在强调你的三个阶段的每一个观点时做配合，你的手势和语言构成的画面非常容易被别人记住，但超过三个就不容易让人记住了。做起来时要五指并拢，跟随内容表达的语言节奏使用手势，越自如大方就越有魅力。不能似做非做，舒展不开手指和小臂，拖泥带水就不好看。

（4）警示

掌心向外，手指向上，右手直接伸向前方，比如学员都在说话，你想让大家安静："注意了"，同时眼睛要盯着离你最近的那个人。只要你做出这个动作，学员们就会开始相互转告："注意了"，"肃静"。所以，动作能帮我们控制现场的反应。但无论什么动作，都必须与内容相协调才美，切忌生硬和不自在，或脱离内容重点而令动作失去意义。

（5）指明

伸直手臂，五指并拢伸直，指向目标。由身内侧根据左右手向左或向右打开："请这位先生发言。"

这个动作类似我们通常做的："您好，请走这里。"手掌打开，自然伸展向前方或右方做指引状。

（6）号召

手掌平伸胳膊打开从身侧向上，挥向内侧，不要越过脸部中线。这个动作常用于号召行动，比如：全体起立！

在肢体语言的表达中，眼睛表达我们的感情，手势加强我们的语言力度，当动作和你的眼神分离时，动作将没有生命力。当我们的手掌打开，力量一定是从身体直达指尖的，不能让它脱节，要柔而不软，硬而不僵，要有弹性。你的手势舒展大方，别人才能同时感受到你的语言和身体协调一致的整体魅力。

对于语言和眼神及手势的协调配合，我们只要经常练习，它就会变成我们的习惯。如果不经常练，就会在身体语言上变得很局促或僵硬，越是局促、僵硬，你的动作就越不美，形象当然缺乏吸引力。看看电视上、会议上照本宣科、呆板念稿的人就知道了，他们身体的僵硬和声音的造作一直在告诉观众，他说的是套话、假话，不需要认真听。因为真话和真人都是具有感染力的，权力可以带来表面的服从和奉承，真话可以带来影响和信任。要想语言和动作协调一致，既要做到思想的发自内心，也要做到觉察与行为久经训练的专业得体。

小结：所以，有意识地训练眼神和手势与语言内容匹配是培训师必做的功课，也是需要在公众场合讲话的必修课。一堂课、一场会议、一场演讲，内容上、设计上都要无可挑剔，还要关注眼神和语言及手势的匹配。动作和语言的节奏控制要匹配；任何时候，我们的神情和表达，都必须要做到完美的统一：头脑帮助我们思索、眼神帮助我们和学员建立互动、手势帮助我们加强语言的力量，体态、语言的表达帮助我们向学员传递清晰、完整、准确的信息。

实践技能之三：语言的应用技巧

（1）音量

音量就是声音的大小。决定声音大小的，除了培训师本人的音量外，更重要的是要在你讲的每一句话当中，要随着内容的重要程度表现出音量的变化，以控制学员的注意力。

有些人不懂得声音的控制对学员的影响，总是竭力提高声音来吸引学员的注意力，效果往往适得其反。在讲话时，音量的大小决定你对现场的控制，声音越小，控制力越大。明白这点，培训师就不用紧张，你可以试试当你用小的声音说话并表现得淡定自若时，学员会立刻变得安静；假如你的声音从大变小，听众就会变得更静，因为他试图知道发生了什么事情。所以，音量能帮你控制现场的反应。同时如果你的声音突然从小变大，别人也一样变得紧张。明白了这一点，在使用自己的嗓子发音时，就不会声嘶力竭地竭尽全力，而会游刃有余地根据内容控制音量，使音量根据内容强调的重点而产生抑扬顿挫的美感。

（2）语速

语速的快慢决定语言的表现力是否生动和吸引人。速度要根据内容和强调的重点而变化。如果讲话总是一个速度，就叫一马平川，讲一句十句还可以，讲上半天就成催眠了。所以我们讲概念、讲工具、讲理论的时候，速度要慢一些。一个课程的开头导入部分、需要学员做什么的介绍部分、你将对学员提出要求的部分，这些是你要讲述的重点。在讲这些重点时，你的声音要大，语速要慢，可以让学员非常清楚。中间一定要停顿，甚至可以重复，使需要记笔记的人能够记下要点。当你阐述一个问题或讲一个故事时，语速要稍快一点，因为它会占用很多时间，你快一点，不会影响你对故事的渲染。我们必须要知道什么时候语速要快一点，什么地方该慢一点。这取决于你需要对象记住什么的判断。

（3）语调

语调的抑扬顿挫决定语言的情绪张力。

如果一个人说话，他不完全张开嘴，声音就不是打开的，后面的人就听不清他在讲什么。生活中，我们大多会遇到这样的情况，有些人说话，嘴里像是含着东西，每当他说了什么，你都会问：你说什么？当然，有时是发音不清，也有的人是意义不明。做培训师，字正腔圆是非常必要的，否则，在百人或千人礼堂里，后面的人就没办法听清任何内容了。在这里建议大家学习京剧演员的发音，每个京剧演员都值得培训师学习。如果没有正确的发音，就谈不上在表达意义时让人听得舒服，同时，要想根据内容和重点词来表达出语言的情感意义，也要建立在准确的发音基础上。这样才能形成抑扬顿挫的音乐一样的表达风格。

要做到字字发音到位。发元音时，口要尽量张开；发辅音时，尽量不省略。特别是要在发问、设问、有目的的提问时让学员有清晰的准备。这要通过语调和眼神互动才可以传达。平时，多多练习朗诵文章或诗歌，有助于培养语言表达的能力。

训练课上，有些学员，一开头就是一连串问题，现场却没有人回应和记住。为什么呢？因为，每一个问题都是他在思考的展示，而非和对象有目的的交流。你如果没有从对象那里获得预期的回应，语调上自然没有留下空隙或等待，这种无目的地把问句变成叙述的讲话，会失去语言逻辑的内在张力，让人无法记住。真正的语调将准确传达说者的感受和要求，通过调值和停顿的使用，说者会控制听者的头脑，并促使对象做出正确的回应。**正确的语调通常是有目的地说出真正的内容而非无目的地自我宣泄，前者才可以令人注意。后者则是在自我表达的自说自话里，并没有对象感和交流的预期，语调通常会被忽略。平常多听朗诵，对于语调的意义领会和传达及使用，会有较好的帮助。**

（4）停顿的意义值得格外注意

当学员在讨论时，你喊的声音越大，学员讨论得越热烈。所以那时候，正确的做法是停顿，停顿能帮我们控场。更重要的是，停顿能让我们讲到重点时在学员的心中引起回应。如果我们的一分钟演练有停顿，大家会发现，那将是一个非常美妙的过程，就像交响乐。在讲课时，你会发现，你像整个交响乐团的指挥，能控制现场的节奏，那你就成功了。

在段落之间，在点评之间，在值得注意的地方想对学员加以提醒，都可以使用停顿。他们带来了绝妙的节奏美感，使平淡的句子奇峰突起，创造了类似水墨画留白的美学效果。当然，能够在讲课或演讲中使用停顿的人是具有对于内容的把握与听众的判断的，相对于遗忘内容或词语产生的停顿，他们的差别在于是否有气场。前者有聚焦效应，后者是涣散反应。

二、心理素质体现的从容风度

培训师与一般人不一样的地方，不仅仅因为你有意识地使用肢体语言，通过准确生动的语言表述和肢体动作帮助你获得更高的注意力感召力。其内在动因是你克服了心理的紧张因素，从而创造了得体自如的专业形象和气场。没有公开授课经验的人一上台，不管内容准备何等充分，专业底蕴如何深厚，都会因为心里紧张而大失水准。如何克服紧张造成的发挥失常呢？下面，我们通过对紧张原因的探讨，来告诉大家如何摆脱紧张的困扰。

实践技能之四：如何克服紧张

（1）转换角色

有学员问：站在台上如何不紧张？和大家分享一个经验：角色转换法。走上讲台之前，在头脑中想象自己是坐在台下的学员，而一个专业、微笑得体的教练正在从容开讲，台下的自己和同伴一起期待整个过程。这种自我角色的转换暗示可以减轻面临登台的紧张感，会让你忘掉新场地、陌生人、压力大带来的紧张，利于快速进入角色，也利于放松自己。当然，我们也要时刻保持对自己引领者身份的认知，并且发自内心尊重别人。不能因为忘我的想象，将自己在台上弄成开演唱会的样子。对内，要永远相信自己，对外，则要永远尊重他人，这样你才能在角色转换当中把紧张消除，把分享变成第一。

（2）提前做准备

最好的培训师总是非常严谨的，不敢怠慢他的学员和听众，因此他会把大量的时间用来做准备。这样，就避免了因为不熟悉内容而说错话，也避免了靠习惯发挥而使节奏失控。这样，他的表达和训练会非常稳定，而稳定的表现对学员来说更有号召力和权威感。我们常说盖房子最重要的是基础要稳、结构要美，你的房子才会宏伟漂亮，第一砖就放错了，盖多高都是没有用的，这就是我们基本功的练习。准备永远是第一位的。一个人的案头准备和经历的准备越充分，他的现场表现就越好。没经验和缺乏经历的人书面准备必不可少，有经验和阅历的人头脑中的准备更重要。

这是一种对待学员的态度，也是对待工作的态度。任何精通一门技艺的人都得付出比一般人多得多的精力才可能窥见成功的门径。任何看似轻松的行为后面除了天分一定饱含汗水，当你面对那么多准备学习培训师技能的管理者时，可不可以不准备呢？永远也不可以。一定要准备，而且要准备得更认真。因为每一场培训，面对不同的对象，他们从不同的经验和表达基础起步，开始学习控场和表现独特的个人魅力，你不可能要求学员模仿你，你只能根据他们的水平给他们改善自己的专门建议。

所以，这种准备不是背诵你已经具有的知识或别人的思想，而是充分的互动、开放的心态带来的接受差异和包容一切，正是这种包容与引领的心态与行动，让培训者在投入中深深受益。

基于对人性的了解，对现场表现出来的问题的判断，对内容和结构进度的设计与互动环节的掌控，一种日积月累的洞察力和精准的表达力，经验的积累和准备迎接未知的心态是更为重要的。冰冻三尺，非一日之寒，或者说，是“功夫在诗外”的准备。**任何小看学员，或认为自己比学员高明，把培训师的头衔当成自己的水平，把学员坐在下面听课当成对自己的崇拜**

的心理，都是一种自欺欺人。至少缺乏充分的自省。至于随时准备一蹴而就、成就名声的老师，更因为自满显得缺乏眼光和境界。因为，每个人都在自己的角色里对他人有益才是存在的最好安排。

没有人能充当别人的救世主。真有人这样认为，我也以为是他的判断力出了毛病的缘故。在这样的认知基础上，培训师得以保持一种淡定而谦和的态度，它使你虽然身经百战依然如履薄冰，满怀敬畏地进入影响别人的交流之旅，而不是因为惧怕出丑或表现被拒绝而满怀恐惧。

当然，有些时刻，语言就像是自己长了腿似的奔跑而来，警句格言都是从未考虑就脱口而出。这样的时候，像是上天借用一个媒介来开解那些需要的人们。而“我”只是一个传输者。

除了这种心理准备外，内容的检查也是必要的。

在每次课程开始前要做的事情是闭上眼睛回顾课程的主要结构，这一天我讲什么？重点是什么？对象是什么人？训练点是什么？需要如何安排时间才更合理？都要先默默地做准备工作。与助手和其他人的沟通配合也是十分必要的。

在经验当中，如果我们把结构的准备做得非常扎实，你就会非常有自信、有底气，你只需要解决学员表现上的突发问题，大部分精力会放到互动环节的点评部分。因为那是不能够预先做准备的，只能临场发挥。

那个时刻，是培训课程最精彩的部分，也是学员和老师互动最为酣畅的时刻。没有对错，每个人都面对自己需要改善的部分，需要看到提高的可能。如果没有底蕴，还缺乏准备，你就没底气。光有自信是没有用的，因为你不知道下一句要说什么时，不知道你的训练重点是什么时，自信就会像特别虚幻的气泡，碰到问题就破。

所以我们要带着问题去备课，带着问题和挑战去准备，这个是让课程丰富精彩的前提。而当你准备好了上场，依然会遇到紧张的情况，那就需要锲而不舍地练习，利用一切机会让自己上台、练习。

没有不断的坚持和练习，就不足以构成丰富的经验，就永远不会突破困难、恐惧和压力这一关。想要过关就只有做大量的练习。我在做培训师之前，站过十年大学讲堂，文艺理论教了十年，这让我理解：想练就在讲台上如鱼得水的功夫，一年，甚至三年都是不够的。没有五年，你在这个行当学不到任何经验，你只是在急于表达知识而已，可以熟练地表达你所掌握的知识。但是，你还不能够得出自己独到的经验。什么时候，你可以得出自己独到的经验和见解并自成体系，才可能消灭紧张，以培训师的身份从容享受交流之美。这需要人生的积累、经验的浓缩和每一场实战，以及对于不同对象的把握。所以，积累与总结比什么都重要。

（3）调整语速

当我们紧张时，通常伴随着语速过快，或者心跳过速的生理反应。这时候要怎么办呢？不可能临阵脱逃啊。我职业生涯的第一节课，是给新生讲大学语文，50 分钟一节课。连上两节课。结果我用了 60 分钟，讲了 100 分钟的课程内容，也就是说第二节课刚上10分钟，我已经讲完了准备教学的全部内容。当时就是因为紧张，语速过快，不懂控制，就像放连珠炮一样，一下子讲完了。然后学生看着我，现场陷入沉寂。之前，我问过我的系主任：上台紧张怎么办？他说：不要怕，就当底下是青菜萝卜。当然，这也是教我一种转换法，把引起紧张的对象物化了。可是到了课堂上，怎么这“青菜”、“萝卜”都长了眼睛，所有的人都直瞪瞪地看着我，那时心狂跳、冒大汗。

不过，我的诚实挽救了我。我对着同学们说：这是我第一次讲课，剩下的时间请大家把我讲过的东西看一遍好吗？学生们都很配合，默默看书了。这堂课给了我很深的教训，从那以后我就没犯过同样的错误了，在内容和时间的把控上非常准确。

那该怎样来调整它呢？一般来说，语速太快是因为你过于紧张，是眼前没有听众、心里没有对象、头脑满是内容造成的。

内心里你暗自希望这一切快点结束，想把你所知道的一下子全部讲出去，讲完了就完成任务了。这就带来了紧张和过快的语速。

缺乏对象感时，语速就会快，就会忽略对方是不是认真在听、听懂了多少、都听到了什么。在一个紧张的人面前，基本上是不存在对象的。他很可能视而不见，甚至都不知道自己在讲什么。如果有谁经历过语无伦次的讲师在台上的紧张折磨，心里就会把想要听课的欲望变成对这个可怜人儿的同情。

有什么样的方法，能让我们克制语速过快呢？

• 录下自己的讲课过程，回放，自己做学员检查自己能听到并吸收多少。假如你试图记笔记，是否能够记下只言片语的重点？

• 找一个助教帮助自己做提示，在快了的时候，示意自己放缓速度。从中了解自己合适的语速。

• 用眼睛观察学员。在企业内训中，培训师这个时候最好的办法就是用眼睛观察学员，当你的眼睛看着学员，有人会显得很茫然，那就是在传递信息：我听不懂你所说的任何话，我也来不及记住任何观点。而如果他频频点头，就表示他听懂了你所说的话，你的观点他已经接受并在思考。注意在学员表现出淡漠或闲散时提醒自己。

• 如果有经验的培训师还控制不了语速，除了没有让对象接收信息的意识，只有自己表演的激情外，还缺乏对关键对象和主要培训目的的关注。他有足够的魅力惑众但并不对你能从中学到什么负责任。

• 还有一种紧张，是对内容只知其文不明其意，只懂其表不明其理，照本宣科心里没底，这样的话就要选择自己熟悉的内容并靠对内容的真正理解和准备程度来减轻紧张了。

得经过多少时光才能磨砺出炉火纯青的技能，而这些都仰仗那么多人的接受和倾听，要懂得感恩。任何人对我们从幼稚到成熟的接受，都是生命中的礼物，没有人可以离开其他人的奉献而独立存在。学生培养了老师，老师引领了学生，学会知识和技能有先后，但人是平等的没有高低的。这是眼睛后面的语言，它决定你是否能够走进别人的心灵，没有紧张也没有恐惧，只有交流和分享。

所以，用眼神和学员对接，从他们的目光中探寻他们传递给你的信息，这样可以时刻提醒我们放慢语速，从而获得卓越的培训效果。

（4）生理舒缓

内容、结构、心态，一切都没有问题了。上场前你依然会产生心脏狂跳、手足无措、满头大汗等紧张症状，这个时候，请深呼吸！这是生理舒缓的一种。紧张导致慌乱，失去对自己的控制时，人就已经没法说话了，此时，**深呼吸能帮助人回到正常状态。深呼吸不是大喘气，大喘气会越喘越紧张，深呼吸则通过对气息的控制增加供氧量减缓心跳过快。**深呼一口气至你的小腹丹田处，然后缓慢地吐出来，焦点和中心在丹田而非在口鼻。大部分人呼吸不得法是把注意力放在了口鼻处，结果，都是浅表性呼吸，无助于减缓紧张。如果你做不到位，只能让你的心跳更快，所以，真正的深呼吸是先舒缓放松，然后再让气息填满你的腹腔或胸腔。在这里要强调一下，逆腹式呼吸和顺腹式呼吸是不一样的。我们正常做的顺腹式呼吸是深吸一口气，让胸部鼓起来，腹部收起，然后再慢慢吐出；逆腹式呼吸则相反。

如果你想成为一个好的培训师，要学习逆腹式呼吸，如果不懂呼吸法，讲一天课，嗓子一定会哑。因为没有正确地运用呼吸法，没有用丹田发音的习惯，你只能用喉咙说话。长此以往，会患咽炎。如果大家想做培训师，或者想当众讲话讲得非常好，呼吸法是基本功。静坐练习和瑜伽练习都很容易令人养成正确呼吸的习惯。呼吸一旦正确了，想紧张都不容易呢。

（5）自我解脱

自我解脱法最重要的是：**不要把自己当成全知和万能的。**一个人如果把自己当成万能和全知的神，那将会非常有压力。学员提问，当问到你不懂的内容时，你恐惧承认自己不懂，因此会恐惧问题；甚至你不能够现场互动，因为你怕失控，想控制别人；不想听到不同意见，对提问的人也会心怀恐惧。这样的老师遇到比较锋利和情绪化的提问或出乎意料的情节，就会认为是对自己的冒犯，这是培训师绝对应该避免的想法。

培训师要记住的只有一个，那就是：你只是一个学习的引导者，而不是什么都能给予别人的神。你只是一个领航者，你引导别人走向最佳的学习道路，你不可能替别人包办一切，如果觉得自己什么都会，那你的压力将非常大。因为你不允许自己犯错误，一旦犯了错误，你就将崩溃或自责，或者对别人的行为做出过激反应。这都将带来紧张和不放松。

我们要允许自己有不会不懂的地方，允许自己出错，允许学员犯错，甚至要在内心深处抛弃错误这个概念。没有错误，只有不同的表现和见解。可以不成熟，也可以固执己见，所有成长都需要过程。不要拔苗助长。原谅所有人让你不太舒服的言行，因为那让我们意识到是自己的自我过于脆弱或自负。把它当成自省的另一种机会。

我在培训现场经常提倡这样一个原则：没有错误只有参与，大家认为做得不妥的人都用自己的投入给我们的学习提供了认识多种可能的机会，反而是贡献最大的人。**在认识上真正理解"没有对错，只有不同"，会让我们开明地接受一切人和一切事。开明的心胸会给人带来安宁恬淡的举止，你不会因为情绪冲动或激动，时刻保持觉察和理智。这是减缓压力的最好方法。**

（6）成功冥想

成功冥想法在保险业的训练中是最常用到的。在你上台前，你就想象自己是一个非常有自信的人，然后想象学员与你交流的过程，想到那一张张笑脸，你甚至能听到自己的导语带来的兴奋，自己的阐述带来的认可，自己的提问带来的积极反馈。结尾，你收获的掌声与认可，能使你拥有最愉悦的成功感觉。当你模拟了无数次想象场景后，真的上台时，你会发现你浑身充满了活力，你会觉得那是人生中非常幸福的事情。

我曾在北京连续讲六天课，有个学员问我："朱老师，为什么您不累呢？"

我回答说："我非常喜欢这件事情，我觉得把自己理解的这一切和那么多有知识有阅历的人去分享，是人生最美妙的享受。"

这种自信成功的影响会带来特别幸福和满足的感受。有一句话说：给予比索取更有福。我理解这句话的意思是：索取永远都会带来因匮乏所产生的压力和不满，但是给予是因为富裕，所以永远会带来最大的幸福和满足。培训师一定要有这个认知，没有这个境界，我们将在日复一日的付出当中耗尽自己的热情，也就无法成为卓越的培训师，指引和教导我们的学员。

成功的冥想是通过预想自己受欢迎和受肯定的样子，来让自己获得自我肯定，以减轻压力。如果在骨子里，我们不觉得这是一个特别幸福的事情时，它只会给我们带来负面的情绪，而不会让我们变得智慧和懂得放松。

（7）压力转换

我们感觉到上场前的压力时，通常会为下面的问题焦虑：我错了怎么办？忘词怎么办？我不会了怎么办？学员或领导不满意怎么办？

前三个怎么办可以通过对于内容的精通来减压，或提前到场和学员建立关系而放松；后一个需要把注意力放在课程内容是否适合现场对象的提前准备上，避免到了现场临时被客户要求搞混乱。实际上，感到压力时与其想这么多怎么办，倒不如转移问题和注意力的焦点，就想课程开头的三句话。

上课之前，我会无数次地设计不同的开头。对不同的人，用不同的开头，让大家更准确地知道这个课程能够得到什么。

比如讲PTT，我们可以用这样的开头：

亲爱的学员们，我认为韩愈在《师说》里对于老师的定义即是我们今天学习的重点。“师者，传道授业解惑也。”传道，做人的境界，决定你够不够资格当老师；授业，做事的方法，决定你有没有能力当老师；解惑，解决实际问题，决定你是否当得成老师，能否获得学员的真心追随。我认为，这三方面也向我们立志当培训师的人提出了三个要求：

第一你要学“道”，因为“道”是你的精神境界；第二你要通“术”，“术”即是你的教学方法，也是教人做事的规则和方法；第三你要会“做”，不落实到行为指导的知识是没用的，不能指导学员实践的人不能被称为培训师。

对不同的人，方法是不一样的。你可以设计不同的开头来强调你讲课的重点，这样你的阅历和经验都将在这种总结和强调当中得到升华，所以自我学习永远是通过预习来得以实现的。

这是我和大家分享的压力转换法：当有压力时，要将压力从对自我表现的关注向表达的内容转移。如何转呢？万事开头难，我们就从开头开始，任何课程，你哪怕讲一千遍，如果你能设计一千个开头，你就是最棒的。因为开头的导语将决定你对于整体内容结构的把握与介绍。掌握了开头的结构，整个过程的控制就了然于心了。如果一门课程讲一千遍你还用一个开头，那只能预示着老师是照本宣科，内容绝无新意。

有一次我在电视台做节目，是现场录播，录播时编导没有写词，我的时间又很有限，那个做主持的小姐开始提问了。她每次问的不同，我答得也不同。每当我的回答是她没有听过的内容，她就停下来重新跟我讨论一下，记录好后背诵，再交流时，遇到她没有听过的答案，依然要求重来。因为没有稿子，她实在不知道如何反应。而我又不会说套话，只能临场发挥。节目结束时，导播说：我们觉得您回答的每一个都很精彩。这个例子告诉我们，如果你能够随心所欲地把你的内容转换成你的对象能够听懂的东西，胸有成竹，你就不会紧张，而能够从容地控制现场。相反，对于对象和内容心中无数的人，无论如何都会紧张的，对于未知和失控的恐惧会形成巨大的阴影，也会让有些人难以承受。此时，牢记“量力而行”这句话就没错了。

这里验证了一个真理：你想给别人一杯水，你就要拥有一桶水。**培训师要想给别人一桶水，你就得拥有整个认知的大海，否则你将无法面对所有学员的提问。**除非你不答不问，那就成为填鸭式教学而不是互动的交流，性质已经改变。

在培训现场上最多的是问题，你能回答多种问题，能够帮助学员从问题中找到最好的解决方法，就能从他们的问题中获得自己认识上的升华；准备比资历更重要，因为机会只留给有准备的人。没有一个人不经过千锤百炼就能成为名师，我们有很多办法可以让自己变得镇静，变得端庄，变得有自信，但都不如我们把内容烂熟于心更好，对内容有更深的体验更棒，而如果能对人性和互动有更专业的把握就更理想了。

三、互动让培训达到高潮

1. 互动设计从对象开始

一场培训要有序幕，序幕就是你的开篇。从哪里找到切入点呢？很多课程或演讲只知道把作者或老师感兴趣或懂得的知识向别人倾销，他们眼中没有对象，心中没有一个明晰的出发点。结果，往往滔滔不绝地讲出了自以为是的丰富材料和丰富经验，却由于对象不感兴趣或时间不足以展开，令讲课失败。或因为讲得太多，没有抓住听众的注意力让对象厌倦。

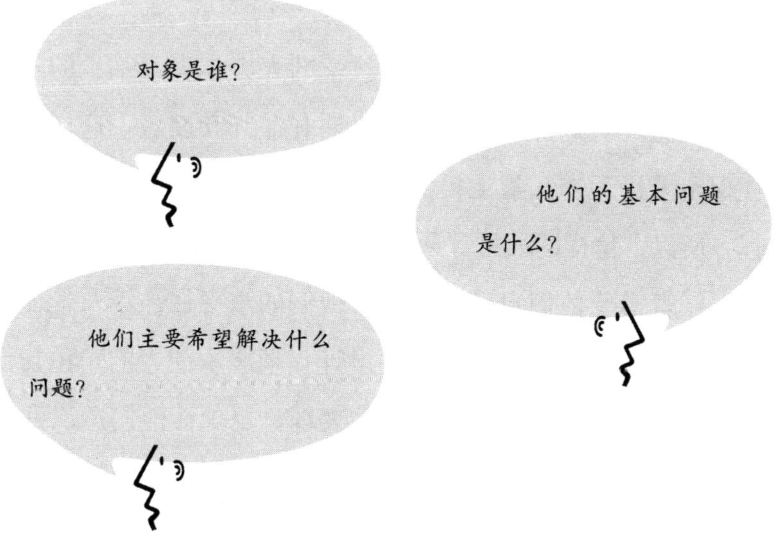

在培训现场的互动交流中，对象应该永远是放在第一位的。否则，培训师就容易以导师或以“神”自居，从而令自己迷失。

而最能够抓住注意力的动作，是从对象入手，开始你的培训或演讲。没有对象感和对象需求研究的互动，基本是一厢情愿的盲目付出，不会带来最佳效果。

这些决定你怎样开始课程：从哪里切入，课程的重点是什么，是先讲概念，还是先讲问题，或者先讲方法。如果是新员工，一定是先讲概念，统一认识比先教方法更重要；然后，要把岗位要求的基本动作作为训练点，让他们通过标准展示掌握基本要领。再实战演练点评，找出优点和不足，进而进行改进。如此，使新员工上岗后保持饱满熟练的工作状态。

如果是理性的管理人员，那就需要从概念开始切入，用工具或案例衡量处理问题的速度和能力，接着给予问题和案例的演示与讨论，让学员据此施展自己的沟通与处理问题的能力。互评或点评以帮助学员发现更好的解决问题的思路与方法。

2. 活动参与和录像演练是互动的核心

当然，也有些习惯了填鸭教学的人，丧失了基本的互动能力，只想着听老师讲课，并随时展开评判和反对。这样的人往往保留着最无知和最无畏的批判精神。因为不需行动和承担责任，所以，这样的人批评起别人来是出口成章甚至愤世嫉俗的。

根据对象不同而设计不同的开场，每一个课程的序幕可以是不一样的。但互动设计一定是不可或缺的。有目的的活动游戏参与和特定内容设计的角色扮演，录像并回放、点评，这是培训互动的核心。

一旦需要他们自己行动时，他们的水平往往不及他们批评的对象。对于此类人，尤其要设计互动展示能力的角色扮演训练，使他们通过录像看到自己的表现。至少让他们意识到“做”比“说”难，“说”比“做”容易，从而快速改变他们的沟通方式和工作方法。

3. 如何让点评成为互动训练的高潮

为什么说点评是互动的高潮呢？培训的大部分时间学员都在听培训师讲课，他们有大把的时间来检阅培训师的水平。被人评估是培训师的必然命运。你讲得越多，出错的可能性越大。经验不足的培训师、过于紧张的培训师、过分自负而目中无人的培训师都容易失去学员的信任。相反，能大讲特讲、口若悬河、段子不绝、教导与威胁并重、幽默与名言掺杂的演讲者，倒有可能因为其语言魅力而颠倒众生，在市场上也会形成从众效应。盲从一直都是群众的特点。在内训课堂上，这种演讲能力的煽动性倒不那么受人欢迎，因为目的性和针对性的特点决定了学员要求的实用性。

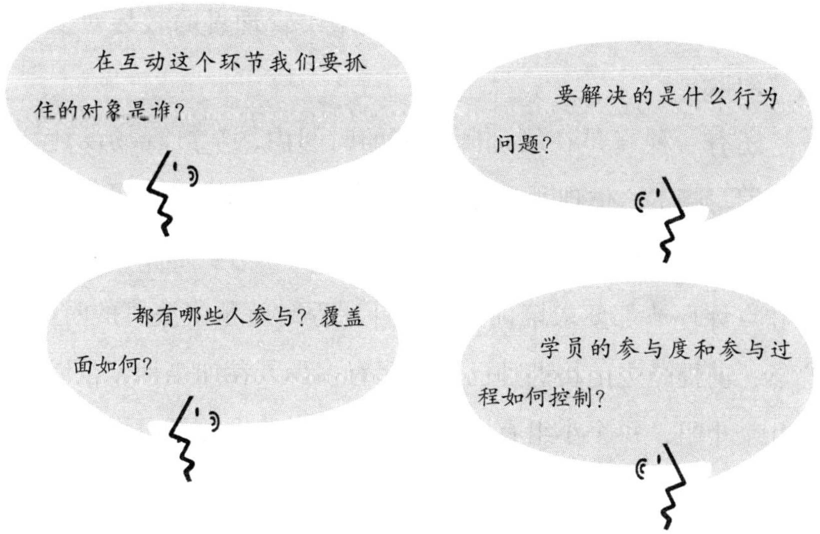

如果学员因为对培训师的内容实用性和针对性的指导失望，会失去参与的热情。为了避免此种情形出现，就要在设计中高度重视互动环节。

这都是培训互动设计的重要组成部分。你让学员参与的人数越广，学员的投入就更热情，但时间的控制就越难。而按照定时来演练的互动设计既能保证人员参与，又能公平展示人员水平，同时能通过点评体现老师的洞察力，当然这也是培训中的高潮部分。

通常培训的互动分成两类：一是按照标准脚本，进行角色扮演的**互动训练**。提供标准脚本，学员照样模仿，出错的可能性不大，培训师的压力也不大。学员会通过对于特定情节与情景的投入，掌握相应情境下的交流技巧和反应方式。对学员来说，角色扮演新鲜感很强，容易进入情境，也容易没有压力地参与。通常用在初级员工的训练上，像话务员、门店服务人员、门店销售人员的入门培训及中层管理者的教导对谈或绩效面谈。

还有一种就是在培训师要求的时间内，学员现场设计情节，编写脚本，体现所学方法的主题**行为练习**，是为了检阅学员对所学习知识工具的理解和应用的重要部分。通常，互动演练和点评环节都要求培训师在设计课程时就预留演练的时间。当然，前提是之前培训师已经掌握有多少人参加培训，可以分为几个小组，每个小组有多少人。这样，培训师可以设计每次演练有多少人参与。在参与过程中，要求参加演练的人员在规定的时间内完成演练，以此来控制时间，免得过程中时间失控。

在互动设计中，培训师要做到通过点评指导学员表现，经验就成为考验培训师的重要指标。如果明了做裁判者不如做设计者，遇到培训师不熟悉学员的业务内容和标准要求的情形，通过设计互动规则安排有经验的学员实施点评就不至于显得力不从心，反而会显得从容若定。

通常一天的培训，第一次演练的时间将在上午第二节课开始，参加训练的是全体学员，演练录像结束后，正好下课。下午第一节课接着回放录像进行点评环节，而第二次演练的人数就应该减少五分之三，每组有两到三名代表参加即可。这里，重要的是在培训安排中，并不确定对象而是随机在每组抽出两到三名选手上场参加第二轮的演练，训练会因为对象的不确定性而让学员尽可能全部参与，达成多次循环的巩固目的。如果指定小组的特定代表参与演练，或允许小组成员推荐代表参与，都会令培训的互动训练的全员参与意义大打折扣。

比如三十人参与训练，老师如果因为业务内容不熟而给所有人的评语都是干巴巴的"表达流畅，台风很正"之类的浮泛之词，那就完全失去了点评的意义。这时，培训师一定要记得自己不是万能的救世主，而是一个引领者和学习者。要有能力设计出互动点评的步骤，让学员中较有经验的专家成为点评者。通常，可以在课堂上安排每个队选出裁判员为其他组打分，选出一名点评人员代表本队对其他队进行点评。因为时间关系，可以把队与队之间的点评按照前后顺序错开，第二队点评的是第一队的选手，第三队为第二队做点评，这种循环安排比较节省时间，同时，照顾到最多的对象参与，可以让学员收获更多。当然，注意不要让每个队的发言代表重复发言，要求每次演练选手和点评及发言选手不能是同一个人。这也是扩大训练效果应该注意的。

往往因为竞赛或打分的设计，学员们小组之间的互评精彩纷呈，这是一种双向学习的最好机会。如果培训师精通业务，对每组学员点评后的综合表现都能给出个性化的评价，当然能让学员收获更多。

4. 快速掌握的点评技巧

在一般管理人员培训中，特别是培训师的培训中，**互动训练最重要的核心是点评技能，点评最重要的核心是告诉学员怎样做。当你设计了让学员演练的环节，提供了如何做的标准，就可以开始让学员逐一进行现场演练了。**因为关心自己的表现，学员通常十分投入。

此时，一定要安排录像，并回放，这样才能让学员看到自己的表现，也要根据时间安排学员的自评或互评，这样培训师才能够发现学员中的优秀人才。特别是培训师的经验不足时，现场安排的学员互评可以使培训师不需要暴露自己的弱点。

所以，我们强调培训师的编剧能力，也就是要求培训师在结构上要做精心设计和准备，要特别注重结构的力量带来的巨大影响力，才能充分发挥培训师在现场的作用。因为结构安排可使培训师不太优异的表现得以掩盖，甚至可以弥补表达的不足。

当然，一个一直不表态的培训师是无法控场的，也无法带领并完成一场完美的互动。

比如学员做一分钟课程开场白演练，老师做总评。

可以这样开头：

在刚才的演练中，大家准备得很充分，对于自已所讲课程的基础专业知识了解充分，表达结构把握比较合理，上台的肢体语言和口头语言表现得落落大方。对于学员们来说，最艰难的是在一分钟内可以言之有物，比如："某某学员已经从容做到"、"这真是很棒的表现"、"某某能用一句话对过程进行总结"、"还有的能在一分钟内简明交代出课程的训练重点"，这都是非常优秀的代表。遗憾的是，我们也有些学员，开头一口气问了五个问题，大家却不明白他要讲什么，有的一个活动还没交代清楚，时间已经结束，这些使我们看到，完整的设计是通过节奏和语言的互动在特定时间内完成的。你准备得越充分，现场内容出错和时间失控的可能性越小。总之，这次演练，让我们看到了所有学员的潜力和学习力，希望大家在下一轮演练中做得更好。

你看，不论辩证法或二元论都是一样，你说了它的正面，就一定要说它的反面，有了开头就一定要有结尾。在互动点评中，要关注学员的具体表现，**从行为、举止、面部表情，到语音语调、手势眼神的外部纠偏，再到开头导语的结构，是否交代清楚目的，使用的表达方式是否能吸引学员的注意力，有无可以改进之处**。越具体，对学员触动和帮助越大。这个时候，培训师对对象及内容的点评角度和眼光、语言组织的能力及现场发挥的表现，都成为学员衡量其专业水平的标尺。学员经常在此时此刻发出由衷的赞叹，或干脆在内心拒绝认可培训

培训师开口就是表态。而从点评入手，可以获得一个完整的表达公式。点评的总结公式，基本符合一般的表达逻辑，先全面概括总结，再一分为二指出表现重点，最后，总结归纳提升。

师。所以在点评时，很忌讳在很短的点评时间里没有具体举例说明却一味表扬学员，这会让人产生审美疲劳且有取悦学员的嫌疑。精彩表扬要重复要点、看到高度，同时重要的是通过点评帮助学员正视自己习惯方面的问题，越尖锐具体越能留下印象，改进的机会越大。但遇到有的学员不理解就会对教练的指示产生抵触。所以，优点或问题同时呈现会让学员轻松接受。

在面临自己不熟悉的现场互动内容时，培训师要拥有快速处理信息的能力和让学员迅速激荡思考的能力，然后把自己变成一个现场的引导员和指挥员；所以，教练并不是一个什么都必须懂的人，而是一个最善于借他人之力达成既定目标的人；如果你能借用学员之力达成目标，那任何时候你都是一个非常优秀的培训师。

精彩互动的点评，让我们能够学习到一个最高的技巧就是：把自己变成一个专家，同时要借用学员中最优秀的人才，用所有人的闪光点，协助你成为最佳引导型教练，这样的人才是最好的培训师。

第四章

精准表达是培训师的基本功

准确的语言表达，首先表现在主张明确，没有主张就会用感觉代替内容，结果语言重复、表现煽情却言之无物；其次，结构简练，结构使表达内容的逻辑，一二三的逻辑结构避免在一个层次上纠缠不清；最后是目的清晰，清晰就会减少废话，不清晰时，人们往往在词语或句子上不断重复，或用口头语代替思考的结果。

一、培养准确的表达能力

精准表达可以帮助培训师或任何人树立专业形象。在表达上，我们首先要弄清楚，语言的表现力可以体现在两个方面，一是指通过标准发音和感情处理使音色语调带来极大的感染力，让听者得到舒服和美的享受；二是通过词语的正确运用，让语言具备思想准确明晰的逻辑说服力量。

曾经听过这样一个故事：一位意大利高音歌唱家到一家顶级酒店参加一个酒会，席间，朋友要求他表达一下自己的开心之情，由于语言不通，歌唱家用歌声来表达自己的心意，获得了热烈的掌声，人人都认为很美。散席后，朋友问：你唱的是什么歌剧？我怎么没听过呢？歌唱家说：我把桌上的菜谱唱了一遍。这是一个把声音表现的美感发挥到极致的例子。因为，歌唱家在声音里注入了感情，从而使声音具备了感染力。培训师就不可能仅仅凭着美丽的音色改变学员的认知和行为，他还要具备对语言内容的精准表达力，就是对于内容的精准阐述与形象化表达的语言驾驭能力。

准确的语言表达，首先表现在主张明确，没有主张就会用感觉代替内容，结果语言重复、表现煽情却言之无物；其次，结构简练，结构是表达内容的逻辑，一二三的逻辑结构避免在一个层次上纠缠不清；最后是目的清晰，目的清晰就会减少废话，不清晰时，人们往往在词语或句子上不断重复，或用口头语代替思考的结果。重复单词或大量使用口头语会减弱学员对内容的关注，重复出现的口头语更会成为学员记忆的重点，影响学员对关键内容的接受及记忆。

对内容表达的内在逻辑了然于心，掌握足以表达内容的丰富词汇，然后才能轻松地在传达内容中表现出足够的清晰度和逻辑性；不会产生重复和混乱，或言不及义、言不由衷等力有不逮的现象。干净的语言同时也能带给听众最大的紧张感和注意力。他无法涣散，紧紧被语言和内容抓住。

二、人人可以掌握的精准表达公式

1. 用动词表达你的主张

在多年的教学训练中，我发现精准表达首先要开宗明义，因为动词直接表达了你想要做什么，这会直接抓住人心。人对于做什么、和谁来做、我做什么最为关注。在理论上绕来绕去，往往会让人感觉云山雾罩，不明就里。注意力的涣散当然就是正常的了。

当然，不论什么人什么身份，要在讲话中用一个动词开宗明义都是很难的事情。人们总是习惯在外围渲染、描绘、说明，却离真正的主题很远。当然，不是人们故意不说，而是大部分时候，人们不太明确自己要说什么，于是，展现给听众的是思考的情绪过程而非表达直接的结论。

知道要做什么的动词表达比起想要做什么的感性描述或推理探索，对听者来说，影响力大不一样。动词的简练完整让听者干净利索地接受完整信息。

一旦意识到自己要做什么，还能用正确的语言表达意图，就会减少很多废话，这样的人也会是个极具吸引力的人，会在人群中鹤立鸡群般地发挥自己独特的影响力。

明确的主张自会带有简明干净的力量。

有时，对方法的探寻也会让我们找到真理的影子。

比如:《优质客户服务》的课程名字与《创造优质服务》相比哪个更有吸引力呢?

表达的主题能用动词来表现的就绝不用名词或形容词，这样会提高语言的精准度，并能够给听众留下更为深刻的印象。

2. 从最小的概念开始

对于你要表达的概念的内涵和外延的理解是达成共识的第一步。人们在随意发表意见或任意把自己的理解强加给别人时，都可能缺乏对所用语言概念内涵和外延的界定。

在表达内容时，从最小的概念入手进行阐述，往往能就意义与他人达成最大限度的共识，就好像走路要迈第一步一样重要，否则就是嘴上要走，总是迈不出步子。不确定最小概念内涵或外延意义的任何探讨，都有可能会在最初对概念的理解上产生歧义，从而使双方沟通不畅，越离越远。

常见有人振振有词地指责别人信仰佛教是迷信，可是，当你问他什么是“佛”，他无法回答。对于自己无法界定的概念却可以展开自以为是的批判，这就是现实的荒谬。如果明了“佛”即觉悟，有谁不愿意觉悟呢？

用动词表达主张和从最小的概念入手，有助于人们掌握基本的方法开始自己的表达，而且还能言而有意。例如，你想给自己的课程起一个名字：优质客户服务。其中心词是名词“服务”，前面限定了客户和优质两个条件。无论怎样展开，内容都将围绕三个方面：何谓服务？何谓优质服务？

而“创造优质服务”的中心词是动词“创造”。内容展开将是这样的：创造及创造的主体是谁？如何创造优质服务？何谓优质服务？内容中必然引发对象的关注与概念的厘清，何谓优质的定义，创造的方法与目的。

在这个例子中，我们可以清楚地看到，围绕动词作为中心词的使用，牵涉到行为动作的发生，能让人在逻辑分析与采取相应行为的判断中找到一条逻辑主线，这也是我们在培训中必须体现的特质。一旦没有动词出现，所有的推理和概念都将围绕理论进行，行为和行动无需被特别强调。

3. 采用“黑 + 白”的对比进行阐述

在你论证任何用动词展示的观点之前，请采用反正对比的方法展开你的论述。在论述中，要体现你的核心词。核心词出现的频率越高，被人记住的机会越大。

这样，你就可以让你的语言变得很有逻辑。**记住，如果我们**

在最短时间内讲一个观点或课程，不需要面面俱到，只需找准一个切入点层层推进，你抓住一个核心词，把它的意义通过正反两方面进行肯定升华，而不是在一个层面上展开，这样会好得多！

马丁·路德·金的演讲《我有一个梦想》，在每一个自然段的开头，都重复使用这句话，在后面的论述中，又使用了“是”的肯定和“不”的否定的结构论述，使之成为千古名篇。

它是一篇很好的演讲，口语化，结构化，极其简洁明了，又充满了黑白对比产生的无限张力。

我们来看其中几个自然段：

> 我有一个梦想，总有一天这个国家会奋然而起，实现其信条的真谛：我们认为这些真理是不言而喻的。每个人生来就是平等的。
>
> 我有一个梦想，总有一天，就算密西西比这样一个被不公正和种族压迫的热潮所统治的荒漠之州，也能转变成一方自由和正义的绿洲。
>
> 我有一个梦想，总有一天我的四个孩子将生活在一个不以他们的肤色，而是以他们的内在品质来评价他们的国度中。
>
> 我有一个梦想，总有一天幽谷会上升，高山会下降，崎岖之地将变为坦荡的平原，曲折之路将变为笔直的大道；主的荣光将会显现，芸芸众生同声赞叹。
>
> 这是我们的渴望，也是将随我返回南方去的信念。靠着这个信念，我们就能从绝望之山开凿出希望

之石。靠着这个信念，我们就能把我们国家里种族争斗的不和谐之音，转谱成一曲兄弟般友爱的动人交响曲。

让自由之声在每一座山峰回响。

在这篇演讲中，不论是从段落中句子的正反对比，还是从一个句子本身的正反修辞对比，都体现了一种“黑＋白”的典型结构。通过“是”与“不是”的句型结构，展示了语言表达意义的重要性和力量。这就是语言表达中的基本公式，可以使任何不懂如何说话的人学会正确地发言，同时令人难忘。

《失败的好处和想象的重要性》是《哈利·波特》的作者J.K. 罗琳在哈佛大学的演讲。

在这个演讲中也可以找到“是”与“不是”构成的表达公式，可以说在所有成功的表达中，都存在着这个基本的逻辑公式，它可以说是无所不在。

那段日子是我生命中的黑暗岁月。我不知道还要在黑暗中走多久，很长一段时间中，我有的只是希望，而不是现实。

为什么我说失败是有好处的？因为失败将那些非本质的东西都剥离了。我不再伪装自己，我找到了真正的自己，我将自己所有的精力都投入到完成对我来说唯一一项最重要的工作当中去了。要是我以前在其他地方成功了，那么我也许永远不会决心投身于这个我自认为真正属于我的领域。

你们是哈佛毕业生这个事实，说明你们并不很了解失败。你们也许极其渴望成功，所以非常害怕失败。说实话，你们眼中的失败，很可能就是普通人眼中的成功。毕竟你们在学业上已经很成功了。

你们对其他人的生活了解多少？你们的智慧、你们的能力、你们所受的教育，给了你们独一无二的优势，也给了你们独一无二的责任……你们的优势就是你们的责任。

你们要用自己的地位和影响，为那些被忽略的人们说话；你们不仅要看到那些有权有势者，也要看到那些无权无势者，你们要学会设想，那些条件不如你们的人是如何生活的；那样的话，不仅你们的亲人们将为你们感到自豪，而且千千万万的人们将因为你们的帮助而生活得更好。

我们不需要改变世界的魔法，我们自己就有这样的力量：那就是我们一直在梦想着的，让这个世界变得更美好。

在这个演讲的每一段，我们都能发现一个核心词，并被不断重复。同时要注意的是，**正面积极的肯定永远比负面的否定更能激励听众和对象。任何人只要有心，都可以像掌握数学公式一样掌握表达公式，其中的困难之处只是在于作者能否从无**

数想法中提炼出有深度有感染力的见解和观点，并在表达时展示逻辑层次。在我们做课堂练习时，发现只要有阅历有想法的培训师一旦掌握了这个公式，表达就自然变得很有说服力。而那些思想和阅历不足的学员则会在一个形容词的平面上下功夫，使这种表达缺乏变化和逻辑层次。下面看一个具体的课程介绍的例子：

创造优质客户服务

每个客服人员都在心中对客户服务有自己的理解。我们希望客户服务是公司形象的宣传窗口，而不是抹黑公司名声的投诉站。我们希望每一个客服人员能从客户服务中找到自己工作的自豪感，而不是仅仅为了应付绩效考核而拼命挣扎。我们希望因为我们的创新服务而使客户对我们竖起大拇指，而不是用繁琐的条框增加客户的负担。

客户服务是一个公司的门面，每一个客服人员的行为都代表公司的管理和服务水平，每一个客服人员处理问题的能力都决定客户对公司的评价。作为客户服务人员，我们要用永远在线的创新服务捍卫公司的荣誉。

概括来说，用一句话的动词表明观点，用“是”与“不是”展开论述，还要通过观点、方法、行为三个层次做论述的延深。掌握了这个公式，表达就会变得非常经典，非常吸引人，极具逻辑。这就是语言表达的“黑+白”法则。

观点用核心词表示，重复核心词，用对比论证。

用一句话表明观点，然后就一直重复这个动词，那叫没有深度。我爱春天，春天爱我，这连小学生都会的语言游戏，不是我们学习的核心。灵活使用这个方法，还是要在论述的逻辑层面上加以延展和变化才可以创造出有魅力有权威的表达影响力。

认真阅读所有伟大的演讲和著作，我们会惊奇地发现，所有的语言表达都是逻辑，都是数学的逻辑。最重要的是，你能够在三个层次上，即观点、方法、行为的表达中不断重复你的核心词，三点成一线，这个结构方法在《心经》里体现得最为完美。

独特观点构筑的核心词非常重要，在阐述、方法和结果三个层级上都深化对于这个观点的理解，你的基于核心概念的独特阐述就会牢不可破。它变成了一个完美的韵律结构，非常稳定，首尾相融，没有办法来打破它。而且，它不但体现表达者对于方法的掌握，还无处不体现表达者的见识高度。如果你没有独到见解，有了这个公式，也不会说话。训练时，我们发现大部分人都停留在一个观点的层面上肯定和否定，方法层面上很少，到了行为层面的更少。

下面看一下例子：

学员现场作业：婚姻初体验

婚姻需要我们慢慢体验，细细品味，而不是煎熬和折磨，都说婚姻是坟墓，但是我说的婚姻是我们人生中不应错过的一段旅程。对于两个人来说是一份责任，一份承诺。在步入婚姻前，我是一只自由的小鸟，恐惧婚姻的牢笼，现在初次体验婚姻的我，发现我不再是一只形影单只的小鸟，而是与他成为畅游在婚姻中的双鱼。不懂婚姻的人只觉得乏味平淡，懂得婚姻的人会体验其中的点点滴滴。《诗经》中有一句话："死生契阔，与子成说。执子之手，与子偕老。"我想这应该是一种并肩站立，共同迎接太阳升起、太阳落下的感觉，是一种天变、地变、情不变，见证岁月，见证感情的感觉，这是一幅两个人共同撑起一片天空的风景，像两棵大树，我们共同撑起（一个家庭的）天空，（生活的）枝叶在天空下绽放，（爱的）树根在地下相互扶持。

俐安点评：

这个作业有感而发，真挚动人，建议在结尾升华，两棵树相交构成"一个家庭"这棵大树，因为婚姻一定落在家庭这个点上。

在结尾的时候用关联使形容和比喻具有深意。生活的枝叶和爱的树根使比喻超出了抒情层次，增加了认识逻辑和见解的深度，掌握了基本方法，有时，只需要改动和添加几个字，就能让人难忘。

作业：做期货交易（期货交易是智慧的博弈）

交易是一个系统分析、果断决策、及时买入、不断改进的过程。

它不是一个简单的买卖过程，成功的交易者是积小胜而大胜的交易者，而一夜暴富者会很快在市场上交出他们的利润，总之期货交易的成功需要交易的积累，人们不能奢望在短时间内的成功。

那些在期货市场上的成功者是怎样做的呢？每一个期货交易者的方法都有所不同，但是其中都有共同之处。首先，大家都遵循着让利润奔跑，让亏损停止的原则，简单地说就是及时止损，而不是在亏损时视而不见，放任亏损的不断变大。其次，成功的交易者都遵循着趋势的交易法，他们都在走势出现明显的趋势时顺势买入，趋势改变的时候平仓了结。那些逆趋势而动的人，往往都会被大潮所淹没。

对于具体的个人而言，方法多种多样，日内、短线、长期持有，没有方法成功的人都大有人在，所以我们在实际的交易中，必须根据自己的特点，用自己总结的方法去交易而不是简单模仿，相信大家如果能遵循市场的规则，走出自己的路，就一定能在期货交易中成功，谢谢大家。

俐安点评：

建议题目改为“期货的交易是智慧的博弈”，再扣题就可以了。试着用动词表达你的观点。“做期货交易”本身是一个行为的描述，并没有体现出主张，但整个表达的结构很清楚。

在课堂上，我经常带领学员们做这个练习。几乎有一半人会按照习惯性的推理平铺直叙，使自己的表达显得十分幼稚。幸亏还有一半人能够掌握这种技巧，但由于很少受到深入思考的客观训练，表达的整体逻辑显得高度不够。

作业题目：早睡早起生活美好

当太阳升起的时候，我们要起床；当天空挂满星星的时候，我们要睡觉。让我们早睡早起吧！早睡早起是天地赋予我们的作息，晚睡晚起是对大自然规律的反对；早睡早起是健康的开始，晚睡晚起是亚健康甚至是疾病的开始；早睡早起是低碳的，晚睡晚起是不环保的。同事们今天晚上9点就让我们关掉电视、电脑上床睡觉吧，明天一早去迎接灿烂的朝霞吧！

俐安点评：

重要的是通过重复中心词——“早睡早起”，强调了要求。三个层面上界定早和晚的区别，比较清晰。但是结尾很弱，像个小学生作文。结论决定你见识的高度。如果结尾改成这样的：“早睡早起不但是一个习惯，更是一个观念，假如一个人能通过坚持早睡早起管理好身体，我相信就一定能管理好自己的事业。”所以不要把一个行为看作一个简单的事情，我希望我们所有的同伴都能通过身体的自律达成事业的成功。你说的话可以由浅，但是一定要入深。所谓的入深就是你要告诉人家什么结论。

在按照观点、方法和结果三个层面进行整体论述的后面一定要有个有力的结尾，有令人信服的结论。这结论是见识也是经验，更是超越，能带给倾听者新的认识和感触。

4. 一个有力量的结论

在任何组织和社会，我们要么表达干净有力的见解让人记住，获得难忘的印象，要么沉默或者语无伦次，用口若悬河证明自己的浅薄。只要你开口，就会被人评判，难以拒绝。与其说得柔弱，不如说得有力；与其一直处于辩解中，不如一直处于控制地位；与其回答所有问题，不如用提问控制方向；与其说得多，不如说得对。

说话人人都会，令语言表达的功夫成为一门卓越的技能，是一种修炼。只有在心灵的层面上使用语言，文字才会发散出撼动人心的魔力。这里有严密的逻辑和推理，有感人的描绘和交流。赋予这一切以灵魂的是生命体验的激情和清醒理智的认识。它化为一个有力量的结论，经历过层层铺垫呼之欲出的结论，之前早已被认可，现在不过掷地有声地推出。在马丁·路德·金和 J.K. 罗琳的演讲结尾，我们都可以体会到他们语言的力度。

第五章

形成自己的风格

“成为最独特的”就是在某种意识的高度上超越群众的个性化表达。达到一定高度或达到超越的境界，非有认识论和方法论及行动力的真功夫作基础不可。

一、找准并坚持自我定位是风格形成的前提

具体到培训现场的操作上，每一位培训师因为知识背景、业务专长、性格特点都有很大差异，所以，在培训的语言表达和现场表现上都有很大不同。有的人是严谨有余，活泼不足；有的人是激情洋溢，却缺乏严密的结构；还有的人语言非常平淡，细听却有真知灼见。在不同的表现和个性当中，我们会发现每个人都是独特的。世界上没有一模一样的两个人，每个人都有他的个性。从这点上来看，人生最为简单和明智的选择不是取悦别人，而是成为自己。

一旦每个人找准自己的定位，把自己的特性发挥到淋漓尽致，我们就可以获得别人的认同。相反，为了取悦别人和社会，努力把自己变成另外一个人，往往瞎子点灯白费蜡，不可能收到任何效果。我们看社会上功成名就的人，哪一个没有个性？哪一个不是我行我素？巨星永远是最有个性的，像王菲，唱歌的时候没表情，但满世界的人都喜欢，为什么？喜欢她空灵独特的声音，当然也喜欢她特立独行的气质，因为人们做不

到她那样子，所以人们才觉得她是巨星。

所以说，做自己是人生最难的事情。而那些小歌星天天笑着，嘴里永远重复就那么几句话：我喜欢大家，给我一点掌声吧，听着就像是廉价的请求。把艺术和演讲做成现场招徕的生意，也有培训师这样做，这是对现场观众的心理控制，可以换来观众怜悯的掌声，但塑造不出一个表现出卓越和投入的“忘我”大师。

从市场的现实表现来看，越有个性的人越容易成名。要想成为名人，要想拥有最大的影响力，你必须要有个性，个性就是真正的生命力。你能用最舒服自然的方式表达真实的自我。舒服才能不累，真实才能不流于俗，甚至还能震惊于世。到了震惊于世的程度，想不出名都身不由己了。像于丹、易中天、方舟子、凤姐等。值得注意的是这里不存在正反和善恶，每个成为自己、完整真实表达自己的人都会有成名和成功的机会。这是任何时代都能通行的真理。

“成为最独特的”就是在某种意识的高度上超越群众的个性化表达。达到一定高度或达到超越的境界，非有认识论和方法论及行动力的真功夫做基础不可。

只是，做自己和成为最舒服的自己，需要反抗的是习俗、习惯等，这需要极大的勇气和能量，所以不能小瞧名人，能忍受千夫所指的名人更是罕有之辈。内功深湛，值得佩服。

在培训师这个行当，也同样如此。

要保持你独有的东西，前提是你得有料。没有料，兜售别人的思想也可以卖钱，但是卖自己不懂的东西，喜爱程度就差很多。还得面临学员的质疑反问，一旦不能自圆其说，自尊心受到的打击也是一种艰巨的考验，主要是事业的持久性不够安全。

想要进入培训市场，培训师就得根据自己的独特经验找准进入市场的方式或角度，否则，任你学富五车，都找不到兑现的机会。现在市场上比较流行的四种培训师的风格，是在宏观环境下，由于对象、内容、渠道的关系形成的一些区别，而不是纯粹基于个人特质的发展定位。我们先简要介绍一下，再看看自己可以从何处着手，借鉴或找到属于自己的独特道路。

二、四种常见的培训风格流派

1. 大师风范

大师风范是指那样一些人：以成功人士为对象，把崇高的价值观体系、前瞻性的社会研究熔于一炉，通过学术著作、研究专著向企业家表达自己的研究观点，同时专注于前瞻性的社会与企业关系，企业发展愿景的战略研究；通过对商业社会的企业问题研究，弘扬一种基业长青的百年发展观，为发展到一定规模的企业家指明发展航向；为自己研究的行业提出足以奠定基本框架的独特体系，比如《从优秀到卓越》的作者柯林斯，《第五项修炼》的作者彼得·圣吉，《定位》的作者艾·里斯，杰克·特劳特。这些人的研究侧重理论指导实践，但具有一定的独创性和高度。他们的专著和思想的影响力所覆盖的广阔范围能够使他们成为大师。在内容上，他们既务实又超越现实的指导意义，使其服务对象广泛且侧重成功者的理性指导。有深厚的社会经验，不擅长当众讲话的成功者可以考虑把自己的研究结果变成理论果实。当然，获得大师的名头不仅仅是炒作和营销那么简单，而是那个人真正有料也有道。**所有伟大人物的发现都属于他们自己，尽管从不同角度不同领域出发，他们的共同特征是殊途同归地表现出对于存在真理的体悟。至于目前中国市场上广泛炒作、靠心理控制语言催眠让受众追捧的“大师”们，在商场业绩上可以一鸣惊人，在名垂史册方面可能就乏善可陈了。**

2. 学院教授

此种风格的培训师，培训对象广泛，涉猎行业众多，擅长进行理论或方法的普及性沟通，经常被媒体和做公开课的咨询机构请去作报告，对普及知识和概念非常有效。这些学院风格的培训师理论体系特别扎实和全面，文化的修养特别深厚，比如讲礼仪课程的金老师，他的礼仪课和我们 1860 做礼仪课是完全不同的，他就是坐在椅子上娓娓而谈几个小时，那是学院派风格的代表。

也有老师，从传统文化的角度、中国历史的角度、现代经济的角度谈企业管理，专著很多。学院派的特点就是理论丰富，知识的涵盖量非常大，但是他的课，全靠老师的知识功底和语言表达来吸引听众，没有训练。所以学院派的对象大部分都是 CEO 和高层，理性思辨的人是他们的最好对象。

这样的培训师，通常更像一个演讲者。如果表达上稍加注意，比如：有的人语言平淡，那你注意通过表情或故事增加生动性好了；有的人是没有表情，那你就让你的内容逻辑无懈可击，同样可以吸引听众的注意力；还有人愿意特别欢快地问候和互动，那你就用你的热情感染所有的人……总之，要求我们每个人寻找自己身上最擅长的那一点，然后把它发挥到极致，不要去盲目地学别人。

3. 演艺明星

这种风格的培训师通常拥有较强的个人表现力，强大的招生团队，通过非常有设计感的互动，使现场具有轰动性的演出效果。这种课程特别鼓励冲破自我局限，追求个人成功，所以他的对象更侧重于销售人员，感性的年轻人会成为最好的激励对象。销售团队非常需要激励培训。那么请了演艺派的培训师来做培训就要注意一点，强调个人成功，他带来的就是个人英雄主义；我们强调保险业需要个人英雄主义来突破销售的瓶颈，但现在企业服务的大客户不适用于个人英雄主义，因为对大客户的服务永远都是靠团队协作来达成的，激励过后，一定要进行团队协作的训练。否则，就很容易激情有余，方法不足。演艺型培训师用自己的成功榜样，为大量的不了解自我潜能的人指明了自我潜能开发的方向和可能，从而改变自己的人生。

这种激励个人成功的培训非常适合想要成就自我的人，在要求严明的纪律和协作配合的企业进行时则需要相当慎重。

为什么叫演艺派呢？因为在表达上，假如说大师是靠见识高度、一家之言的学术著作发声，学院教授是靠理论系统和文化底蕴占位，那么演艺明星则是靠作秀和个人魅力说话。

演艺派的形式做得最美轮美奂，所以它最能吸引大众。地点永远要在剧场，开始还不让你进去，所有人都在外面等待。结果门一开，里面两队人列队与每一个入场者击掌欢迎，入座以后，热烈的音乐响起，一位帅哥主持人出场，问下面的观众：

“你们想成功吗？想知道一年内成为百万富翁的秘密吗？”

下面，一些托儿吹着口哨，一起大喊：“想！”群情激昂。

兴奋热身完成了。主持人介绍巨星出场，但巨星迟迟没登场。最后，你激动地发现，过道上两队人马护卫着身穿白西装或黑西装的帅气讲师明星般出场。

这样的老师上台讲课时，身体语言特别丰富，加上他又长得很帅，这样全场就成了追星族一样了。休息时也是所有人站在座位那里摇滚，被音乐煽动的人群成为狂热的追星族。

我们从中学习到的技巧就是，当你觉得你的热力不足时，你可以用音乐来调动现场。如果不懂得用方法调动听众的情绪，将不能成为最好的培训师。因为理性的人是很少的，在群情激昂的场合还能保持理性的人更少。

如果你不懂方法，用理性来征服 80% 的感性人群，必败无疑。别人会说，很沉闷，下去吧。所以，为什么深圳的高交会论坛总是请名人来讲话，如果请六个名人，有五个是冷场的。因为太多名人都不会当众讲话。所以他摆出一副未经训练的老成持重、老谋深算，或随便轻松的、自以为是的任何举止，按照自己的想法开始滔滔不绝或广征博引时，下面就开始毫不留情地走人了。

因为现场 80% 的人全是感受型的人，没有能够吸引他们注意力的互动或沟通技巧，光靠成功的名声只会让名人的光环大打折扣。

所以说，成功的企业家不一定是成功的演讲家，成功的演讲家不一定是成功的培训师。各有各的特点，各有各的市场对象，各有各的成功方法，不能够复制，也不能够通吃。

4. 实战教练

现在流行的培训师大部分属于教练风格的实战派。来自台湾的职业培训在 20 世纪 90 年代进入内地市场，为那些刚刚进入市场化的企业做专业服务，确实极大改善了企业的服务和管理水准；素质培训、管理技能培训和以保险业为主的激励培训，开始打开培训市场的大门。

这些早期的教练型培训不过是照搬台湾和香港经济起飞时的内训经验，移植到后发市场的内地，其借鉴意义大于独创，普及意义大于真正的需求。到现在，随着内地市场经济的发展，培训行业已经形成百花齐放、大浪淘沙的发展局面。

从某种意义上说，培训业的介入，弥补了我们的教育体

系的不足。社会不得不花费巨大的成本，为我们大学毕业的员工补上从未接受过的职业素质、职场沟通、职业礼仪、行为规范、行业研究等基础或专业的训练课程，才使我们的员工能够在市场化的经济发展中展示出足够的能力。

而针对制造业的5S、ISO9000等标准化的流程管理也随着培训和咨询业的推广改善提高了企业的管理水平。这种以国际标准为载体的培训有时是企业推广，有时是协会落实，有时是政府推动。这种以标准认证为主的培训，重视培训师的行业经验和现场能力，在制造业尤其明显。

还有一种教授教练技能的管理培训，是先出版总结方法的书籍，像《情境管理》《九型人格》等，然后，卖授权，卖复制，是另一种照本宣科，但也属于教练风格。因为，这种方法训练的核心是现场互动，有脚本的互动也是互动。还有一种教练培训，是专职做某个行业的企业内训，培训师靠对行业的了解，根据客户的对象要求去设计课程，然后现场解决行为问题。

由于培训师的行业经验丰富，较容易变现经验，学员吸收的效果远比纯粹学院派的理论普及好。教练风格的最大特质——大家看前三种风格都没有训练的部分，只有讲、写和说，**只有教练风格的培训一定要现场演练，沙盘推演，角色扮演，活动互动。所以很多的企业都要求：我们要做沙盘推演，角色扮演，活动互动。因为企业在实践中，发现互动才能让学员参与，参与才有效果。**

越是在经济发达的地方，教练风格越受欢迎。比如说在北方的市场，那学院派的大师就很受追捧；在上海，国际化的讲师就很有市场；在广东，实战派的老师就很普及。不同类型培训师的市场活跃程度与当地的市场经济发展程度关系密切。

经济不发达地区，人们认为培训就是讲课，所以他们经常请名师作报告；上海是海归派的中心，只要你是国外来的，拿来就用；在广东民营企业占了90%，如果请一位外籍人士来讲，交了钱讲一次就不请了，因为存在语言和文化的差异，沟通效果不明显。所以广东特别发达的市场经济，培育了大批实战派的培训师，他们直接服务一线企业，充当经理人和教练的角色，教练派往往来源于实战经验。

对于有志于成为培训师的人，精熟自己所在的这个行业，如果还精通高中低每一个岗位的要求，做培训师就是很有可能的。将来做名师的可能性也是有的。你在这个行业是专家，是全才，将来教练起别人来非常容易被接受。

比如：曾经请我给他们企业做培训师训练的一位HR朋友，他离职后成为非常著名的专做导购员培训的教练。因为他是家电的导购员如何和供货商打交道、对卖场购物者的心态了如指掌这方面的导购员训练专家，所以特别受家电业的欢迎。

我们说每个人的职业经历，都会变成他的财富。因为，培训师最终依靠的是经验。假如你没有经验，那你将没有价值可言。所以从这个意义上说，热爱自己工作，善于总结的人将有得天独厚的条件成为独当一面的培训师。

从上面的分类来看，培训风格的不同，是因为培训师的特长、培训的对象、培训师的职业阅历不同形成的，甚至客户的目的也是各不相同的。没有不好的培训师，只看你的经验和讲法是否适合企业和学员的需要；也没有不好的客户和学员，只看这个培训师的内容与讲法是否能够满足对象的兴趣。

那么，不同风格的培训师有没有一致之处呢？当然有。

第六章

职业培训师的核心技能：如何征服听众

风格能够让我们突出个性，也可以使用不同的方法达成不同的效果。但是要记住：不同的方法要达到的目的却是一样的，就是被观众和听众接受并认同。

在培训师或演讲人的个性、职责与现场听众之间，一定存在着很微妙的重要因素，这就是关联。在你和你的对象之间建立起具体的、心理的、兴趣的关联，是最为重要的沟通技能，甚至可以说是沟通技能的核心。

一、和对象建立关联

风格能够让我们突出个性，也可以使用不同的方法达成不同的效果。但是要记住：不同的方法要达到的目的却是一样的，就是被观众和听众接受并认同。

因为不管你的风格个性如何，获得听众的认同永远是最终目的。为了获得认同，就得通过与对象建立关系从而抓住对方的注意力。

如何与对象建立起明确的关联，是所有演讲者和培训师技能的核心。

找到和现场对象的共鸣

对于自己所讲课程的熟悉程度会让老师直接开始惯性讲解，虽然流利严谨，但却容易显得现场反应滞后。如果培训师或演讲者在熟悉的内容后面没有找到和现场观众的共鸣，用什么风格和方法都等于无效，或者说对牛弹琴。

正因为现场的学员从来不是一样的人，所以，即使是同一门课程，在讲授的过程中也可能有完全不一样的结果。年轻人感兴趣的案例、互动的活动、课堂的音乐，对于中年的管理者来说就比较难以接受。所以说，对象的兴趣决定表达的细微变化与接受程度。

共鸣点是由经验带来的深度认知，体现在内容表达上，是由对象兴趣及吸收程度决定的。

（1）内容动心：要与对象的经验挂钩

一位学院派教授本来以理论普及为主，突然搞起了现场互动，估计也不为大众接受；一个在企业家课堂上的讲师，大谈管理理论，没有案例研讨，终究味同嚼蜡；一个针对新员工的入职培训，你却大讲企业战略，也属于卖弄知识，货不对板。

一门自己擅长讲的课程，如果对所有人都一样讲法，连例子和故事都不变，可以预料会失败。失败是因为不懂因人而异。

同样的道理，对没有感受的人说了却不被人接受，对有了切身体会的人来讲，就能直入人心。所以，培训师是否有真知灼见来源于他对于不同对象的兴趣把握和经验体悟。

所以，成功的演讲者和培训师，并不是他们能够说出什么从未被发现的真理，而是他们能够用自己的独特感受找到打开对象之心的钥匙。

（2）语言动人：对比与幽默是人人都能接受的调味剂

风格的表现在于语言的运用。无论什么风格，在表达中适当使用比喻和幽默都能提高语言的表现力。要想语言动人，超越自己个性的习惯是最能提高表现力的尝试。理性风格的演讲者如果能用自嘲和幽默加以调剂，效果一定比严肃讲解更能令人兴奋；活泼型的段子大王如果能用严肃的格言来强化自己的高度，也会令听众感兴趣的范围扩大。

当然，想表现得轻松一些，有的培训师会用黄色笑话来造成哄堂大笑，就像是二人转的某些噱头一样，但这在培训课堂上未免轻薄，影响老师的职业形象。因为培训师不是艺人，不以娱乐对象为主，而以教化对象为主，这是由于目的不同而带来的语言要求差异。所以轻松不是轻薄，培训师一定要有语言的要求差异。

也有人说，我很有料，就是语言比较平直朴素。如果整个讲课过程中，你的语言平直朴素到没有任何价值和亮点，就叫平庸，无个人特色，模仿别人，听众一猜就知道你在说什么，一听就能重复你的例子，那肯定是平庸，重复自己也叫平庸。那真正的平实的语言风格是什么样的呢？是平直的语言表达有出人意料之外的内容收获，出人意料才叫平实，否则就是平庸。

一般拥有个人风格的培训师在保持总体结构控制的前提下，对内容有独到的认识和体悟，在语言表达上独具特色，同时，有能力对同一个课程根据对象的差别做不同的处理，永远不重复自我。对自己的重复是对学员的差异性的忽略，会令培训缺乏变通与针对性。

（3）形式多样：对不同对象的理解会让培训形式各有千秋

这就要求培训师在保持个人风范的同时，自我提升，提高自己的见识，在社会知识和心理认识两方面做一个不断进取、不断学习的人。才可能通过对人性的深入体察、针对不同接受习惯的对象、使用不同的方法做深入研习，使自己的现场知识与互动技能的训练精彩纷呈，也才能通过语言表现保持独特的个人风格，通过方法的互动与点评保持对不同学员认识上的超越。

而对于不同学员的岗位要求、经验资历、性格特点、行为习惯、信息接收方式的了解，是构成培训师方法多样内容侧重的前提。同样一门课程完全可以因此呈现不同的内容重点和不同的互动角度。

比如，同样一门市场营销课程的培训，以总经理为对象的课程开头：

什么是市场营销？作为企业领导者，您知道企业向何处去吗？对于今年乃至三年内的营销目标您心里有数吗？靠什么样的组织架构能帮助我们实现目标呢？一个公司营销目标的实现与组织管理的运筹案例将是我们重点的讨论内容。

以市场经理为培训对象的课程开头：

什么是市场营销？我们将通过对于目标市场的细分研究，解决我们产品的差异化问题，同时，以一个区域市场的营销方案为范本，进行年度区域市场营销规划的讨论，以帮助我们掌握营销管控的重点。

以市场管理人员为对象的课程开头：

什么是市场营销？市场营销是在一个特定市场或区域内完成不断增长的销售额的市场管理行为。我们将用两天时间通过对于市场营销5P与5R的概念探讨，了解市场营销与促销的差异，并围绕一个具体的季节促销方案的研讨和实施过程检查，帮助大家掌握市场营销管理的基本方法。

以市场销售人员为对象的课程开头：

什么是市场营销？就是把产品卖给合适的对象的过程。我们产品的功能和卖点，我们的竞争对手的优势都要清楚掌握，我们要通过SWOT方法的学习，掌握具体的市场分析方法，然后通过一对一的销售练习，做出清晰的产品销售话术，帮助大家快速掌握产品销售方法，希望销售冠军诞生于我们这个团队。

能够因人而异的传导针对性的内容，就规避了在通常的教授模式上存在的什么都讲、没有重点，或因面面俱到、时间不够，或只念稿子、没有互动等问题。当然，想做到因人而异，既要求培训师精通所讲理论，又要求培训师精通不同层级对象对于知识和方法的要求，还要关注到培训目的：是否对对象的岗位要求有实际的指导作用。与不同对象建立起有针对性的关联的奥秘，就在于基于对人的个性体察而形成的分门别类的沟通技能的娴熟使用。比起大部分人际之间的单向沟通，针对性是让培训师有意识了解沟通对象的不同特点，并有能力用不同的方法从不同的角度加深强化对象对于所传达信息的理解与接收。由内及外，由表及里，超越个人习惯、情绪或知识的局限，在一个更为广阔的意识层面上，通过更有针对性的方法，达成引导对象并促使其行动的目的。

这后面，是一个人在社会上修行和在心灵上修炼的积累过程。这就要求培训师在成长过程中，有超越自己的意识和行动的自觉。

二、与培训对象建立关联的方法

不管有什么样的背景和头衔，只要你做公共演讲或沟通，不论在培训现场还是新闻发布会上，一位培训师或新闻发言人的首要能力是在自己的职业角色和专业形象之间架起和对象沟通的桥梁。你并不仅仅代表个人，在专业角色的认定上，听众对于你是谁不是特别感兴趣。他关注的是你所代表的职业角色极其后面的象征意义。正因为如此，不论哪个行业出事，都要波及全行业；无论哪个人出错，这个人所代表的行业或阶层必受波及。

所以，培训师的职业形象与定位，必然要体现在你沟通时自觉的意识层面：是只记得炫耀自己的渊博，还是记得对象的需要？是满足听众对所需要的信息与知识的渴求，还是用理论或空话搪塞听众？什么能够让学员或听众反感，什么能令他们感兴趣？这是培训师或任何人作公开讲话时必然要了解的。记得2011年7月23日动车事故发生后，铁道部的新闻发言人一句“不知道你们信不信，反正我是信了”引起网民极大热议，就是因为发言人忽略了对象急需通过他所代表的官方了解事实真相，而这句话所表达的轻慢的态度引发了极大的情绪化反应。

所以，在培训师或发言人的个性、职责与现场听众之间，一定存在着很微妙的重要因素，这就是关联。在你和你的对象之间建立起具体的、心理的、兴趣的关联，是最为重要的沟通技能，甚至可以说是沟通技能的核心。

1. 把培训对象放在首位

如果一个培训师或发言人在他的沟通过程中，把对象放在首要位置，把与对象的关联这个词记在心里，成功就会指日可待。我们通常所讲的将心比心和换位思考，都是指这个意思。

然而，在人际关系的现实世界里，很少有人能够做到。

因为人们最为主要的本能是证明自己或表达自我。

所以，在演讲时候，通常会出现两种常见的反应模式：

一是自我表演或表现。主讲人在对自我的陶醉（很有知识的自负）和对自我的恐惧（生怕表现不好）中，忘却了对象，沉醉于自我的形象确认或照本宣科的不出纰漏。这种人关注内容和形式大于一切，而且沾沾自喜，眼里不存在任何对象感。如果有那么一点关于对象的认识，也变成了抱怨：素质太差。或诸如此类居高临下的牢骚。二是自我的证明或强化。经常用“那不可能”、“绝对”等词语来拒绝讨论，或干脆不让学员讲话。意识到对象第一的表达特征就是放弃或几乎很少使用第二人称：你、你们。通常在人称上，专业的培训者会有目的地使用“我们”、“大家”，从中体会到与对象的一体感。

2. 充分尊重对象差异的结果导向

在缺少关联的沟通中，主讲人会认真准备完善的体系或案例，观点很鲜明，论据很充分，但他们的主要目的依然是证明自我学识的高深或完备，大部分会想着征服听众，并未设想过

听众的质疑，仅仅想获得听众的首肯。这种通过沟通强调自我或自我所属的观念或阶层的正确性、权威性的傲慢，从另一种效果上看，影响了主讲者的权威或形象。

如果培训者有关于“自我”觉察的日常训练，从内心深处，他就会明了和对象的心心相依，从而体现出胸怀的博大和包容，就是我们强调的基于认同感的对象尊重就会成为行动的自觉。

尊重对象不仅仅在于称呼和礼貌，更在于在主讲者的内心深处，不仅知道“有己”（有“己”使我们对自我的潜能和特质能够深入把握，才能够在职业的发展中不浪费自己的才华，避免走模仿别人、成为“粉丝”的弯路），还要知道“有人”，有“人”是指能够清楚地认识到世界上存在着和我们不一样的人，他们用完全不一样的眼光和标准看待这个世界。这种认识，带来我们眼界的拓展。

关注的人越多，包容的可能越大，越有助于除掉对自我的迷恋和对“小我”的捍卫。我们还可以看到世界是由不同的“我”构成的统一体。

“人”与“不同的人”进行交往的实质构成了社会意识形态。人是不能脱离社会意识的存在。所以，与不同或类似的人打交道是每个人的命运。不可逃避。况且，做培训师又属于密切与特定的人打交道，同时还赋有传道授业解惑的使命，我们必须关注对象，才可能完成这个不太容易的使命。必须获得对象的认可才能达成共识，也才能在对象身上施加影响。

想要被人认可，就得了解对方在什么水平，能否听懂，是否需要。讲完我们自己所掌握的知识、信息（大部分时候，是不可能的任务），然后像小孩子一样等着掌声，那似乎总有些不太妥当。因为接受培训时，学员不是看表演，他更多的是希望得到人格上的平等与尊重，交流上的互动或指教，行为上的专业得体的指导。就像新闻发布会，记者们想得到确实可靠的具体信息，而不是模棱两可的托词或口号。培训现场，学员需要知识与方法解决他的具体困惑。对象不同，要求不一样，主讲人必须根据对象的需求，做出给予合适内容的结果选择。

假如我们了解和对象之间要建立一种关联，这种关联就是建立认同。建立认同的方法有很多，首先，你的内容和你的对象需求建立关联，对象的需求有关于技能的行为需求，关于尊重的心理需求，关于学习的意愿需求。在培训中，这些都是我们细分和研究的重点。

3. 与对象关联的三个途径

在培训中，首先，可以通过内容关乎对象的需要，语言关乎对象的接受习惯，形式关乎学员的互动重点是否与实际工作挂钩三方面来把握。

• 内容关联可以通过调研来进行摸底，然后在课程设计方面进行内容和素材的取舍，尽可能使内容的重点与学员的工作要求挂钩。

• 使用学员熟悉的语言、案例和耳熟能详的故事和常用语，使内容表达贴近学员的认知习惯，产生亲近感。

• 形式上通过互动设计来建立与工作内容相关的

行为训练，使每个学员乐于参与互动，积极进行自我调整和学习，避免老师主讲，学员评价的被动模式。

体悟到对象的重要性，在培训中感受到对象的需要，进而能够在互动中和对象进行完美的互动，这是一个培训师职业成长的渐进过程。

失败的培训中，大部分人都未能意识到或做到这一点。如果我们心中没有任何对象只有我们自己，表现最好的结果是一个熟练的演讲者或煽动者。

如果我们有了对象，却对对象的需求不能够把握或满足，这只会使我们增加内在的恐惧而不会带来轻松的学习。我们不但有对象，还对他们的需求有了把握，在这两点具备的前提下，开始学习使用专业的互动手段驾驭培训过程，这种过程的驾驭实际上是双方互动的互补学习过程。

这种互动的驾驭过程，使培训学员在过程中受益，也使培训师在过程里受到尊重，同时，在双方的互动过程里，做到了认知的达成，认同的确认，最后，达成了最高目的的交流：共同训练目标的实现。

从这个意义上看，每个人都应该学习互动的技巧，提高关于“自我”和“对象”的认识能力。这是在任何个人的风格定位之前，我们要掌握的共同要素，和你的对象建立关联，就是迈向一个更为广大的世界。在这个世界里，没有恐惧，只有平等的交流，没有高下，只有尊重和接受不同。

第七章

培训师要把握的三个原则

既然，对象是所有培训师在培训时达成认同效果都要考虑的重要因素，那么，在培训时就要掌握三个原则：针对性原则、综合性原则和超越性原则。

一、针对性原则

针对性原则的第一个子前提就是知道对象的问题所在。

1. 分层级的调研方法

比如说，一个企业的领导认为业绩上不去是员工的积极性不够，做了一年的激励培训，都养成激励依赖啦，业绩还是没有起色。我们做了一个问卷调研，在问卷调研中，设计问卷比问卷发放或回收更值得注意。在对公司的看法中，我们设计了多题多选项，结果发现，中层和基层员工对公司的认可度都高达 86% 以上，而在业绩一栏的答案显示：目标清晰——50%，方法明确——34%。相对于总经理的判断，我们认为数据表明，中层缺乏管理技能和目标执行的操作培训，员工缺乏计划制订及行为管理的教练。基于此种认识，培训后的效果满意率高达 100%。

2. 内容设计要有针对性

在上面的案例中，我们设计的计划管理培训，直接跟中层的绩效考核挂钩，主要围绕着目标制定的方法研讨、目标分解的具体措施来进行讨论，分组进行的讨论竞赛，使目标的设定和目标的落实之间形成了全新的开阔思路的针对性训练，直接变成了可以落地的工作指导。

直接形成的关于内容重点设计的思路，第一取决于对问题的把握，第二取决于培训师的经验背景。**没有经验的培训师也可以通过方法的研讨达成讨论，但如果没有实战经验作基础，就很容易流于概念和计划的书面化，不会对实际目标的落实产生管理上的指导作用。而拥有实践经验的培训师，则会通过对学员计划的制订讨论、学员互评、老师点评，直接教会他们目标落实的方法，而且是N种方法。对于学员来说，建立对培训师的信任和尊重大部分来源于这种实战指导。**这是在培训前就应该完成的设计工作。这种设计的效果除了技术还有经验的变现，是培训师应该多加注意的，也是我们强调和对象建立关联的最重要的部分，行为关联和对结果的认同。这种体现针对性的设计安排应该在每个培训中出现。

对于培训师在现场的技法掌握，我们后面进行具体讲解。关于针对性原则的体现，最为重要的是根据学员的问题落实到培训后的行为改善上。“这位同学做得不妥，希望加以改善。”对于培训师来说，这样缺乏针对性的空洞评价是不允许出现的，也不会让学员服气。俗话说“是骡子是马拉出来遛遛”，讲的就是示范和较真。出色的培训师只会这样说：

这位学员在刚才的练习中，没有对客户说：

“您好！”

而直接说：“你可以这样办理手续。”

这是不符合我们的服务标准的。假如您加上：

“先生，您好，请跟我来，三号台可以办理您的全球通升级业务。”

就比较完美。

这样的指导就对行为改善更具针对性。当然，培训的针对性原则除了体现在以对象为主体的**内容与工作相关**外，也可以在训练环节的**与岗位技能要求**挂钩上体现。同时，在教法和互动中，根据对象喜好，选取具有**针对性的益智活动或游戏**。比如：在给某个汽车集团做经销商营销策划竞赛的评委时，我们点评案例就采取了针对性讲解加指导性改善的方法。单纯的活动如何转化成异业联盟的节庆设计？单纯出钱的活动邀请如何变成年度品牌推广？单店活动如何借公司品牌营销落地双赢？结果是参赛的全国各大区各经销商公司代表都感到受益匪浅。在对象方面，年轻与年纪大的学员，在接受信息和培训的习惯方面，也有很大差异。不过，一般的培训师会犯的错误是：不描述细节，不说出行为，直接否定学员，然后就开始讲述。实际上，学员不认为您讲得很好，即使认为您已经讲得很好，也并不认为您有能力指点他的行为，或者他认为您做起来还不如他。这非常常见。针对性的行为训练能够改变学员对于自己能力过高的预期，真实看到自己的水平。这也是我们强调针对性原则对改善学员行为的必要性的原因。

二、综合性原则

在培训师课堂上，因为时间进度关系，我们更关注弱点，因为我们是同行，在这里没有学员和老师。在培训师的课堂上，台上台下是没有什么区别的，就是同行切磋，你能围绕自己那些最薄弱的点进行切磋，并通过针对性的训练弥补自己的不足，你才能出去教别人。

从这个意义上说，领导力的培训也是这样。没有什么领导在座，大家都是因为承担着领导者的责任才聚集到一起切磋领导力的法则和方法，以提高自己的管理效率。千万不要总是带着自我的面具，随时捍卫自己脆弱的自尊，那样是不可能学习到什么真东西的，只能强化我们虚伪的骄傲，而不能有益于任何领导力的提升。

领导者就是教练，要懂得培训下属，这是最为直接的任务。不懂得培育下属的人，空有其名，难得其实。

我认识一位日资企业的中方总经理，因为管理的中国工厂的管理人员不懂日文，所以，她得兼任翻译，日本来人，她还要把中方的文件翻成日文，一旦发现自己被繁重的信息翻译拖住，她就敏锐地发现自己的价值降低了。于是，她采取了把日方文件复印给每一个部门经理，她讲解，他们自己做注理解日文，不懂再问的方法。不出半年，工厂所有管理人员都通晓了工作日语，一直到现在，日本来的所有文件，公司管理人员都能看懂。日方人员来了，她采取了同样的方法，也收效甚佳。这是一个非常称职的教练。

中层管理者做培训师，与职业培训师教学员，在教练的时候，是有微妙的差异的。身为教练的管理者，在教你同事的时候，直接的指导方法就是要加以开放性的引导，示范而不是命令或抱怨甚至指责。否则就像是在行使命令式的管理，而非真正能令下属受益。

所以，综合性原则是指根据不同的对象不同的需求，培训师有能力采取主动积极的不同方法来达到效果显著的目的。综合性也意味着根据需求的多元性从而探讨方法的多元解决。

对于培训，刚进公司的员工和老员工，是两个态度。新进公司的员工，你做得好，他会崇拜你；如果你出问题他会觉得还没有我强呢，继而认为这个公司有问题。老员会认为，我比你强多了，还来教我？然后拿一个难题扔给你，说：怎么办？您就陷于老员工熟悉的迷魂阵里难以快速挣脱。即使有经验解决，培训时间和效果也难以控制。

从上面这个翻译案例的对象性来看，我们要给学员做点评，不外两种方法。如果是新员工，你就先示范，让他明白什么是标准，或者直接放录像，演示标准，这是最快捷的行为培训。

在培训当中你做没做这个呢？你要问自己。对老员工呢？不要示范，你还没有他的岗位经验多，也没有他经历的事情多，你给他示范就等于让他评价你，所以这个反过来，让谁示范呢？让最资深的老员工给学员做示范。这需要培训师有能力在过程中制定规则，使学员乐于参与到示范中来。看不出来你使用了技巧，但目的达到了，还能令所有参与者满意。

比如：在《提高客户服务技巧》的培训上，你说："我们在投诉接待当中遇到过什么问题呢？请用十分钟讨论，写出一个问题清单。"

这是要求，学员们在行为上立刻付诸实施了。

你可能没有经验，学员比你经验多。这种安排体现了培训师技术上的自觉。他们写完了，你就把学员提出的问题汇总在黑板上，这是重点突出的体现，便于引起学员的重视。

接着进行引导。大家在处理投诉的岗位上工作这么多年，经验丰富，下面我想问第二个问题：如何解决这些问题呢？这时候，培训师要做的不是直接请学员回答，而是表现自己的专业水准和引导功夫，对汇集的问题进行分类引导："这些问题可以从哪几方面来进行归纳呢？"然后，点评总结学员的答案：

> 这么多问题，我们可以把它们分成三类：第一，我们的服务态度问题；第二，是产品问题或网络性技术问题；第三个是管理流程问题。请大家按这三种归类分析一下问题，并回答如何避免问题发生或如何解决。现在开始讨论十五分钟。

在这样的方法安排中，注意不能一味让学员自说自话，也不能一味让培训师说来说去，**要给出规则、指出方法、给予点评和分析**。做学习的导航者是培训师的任务，导航者知道方向就行了，掌握方向舵就可以了，不需要烧锅炉或瞄准目标开炮，那是学员的任务。

从综合性原则来看，你要有技巧给你的新学员去做示范，让你的老学员成为你的老师，这样并不影响你做培训师的权威，只要你把过程控制得很好，他们会觉得这是一个很好的培训师，非常专业，希望大家记住这个方法。

三、超越性原则

这个是最重要的原则，假如针对性原则是围绕着对象的问题焦点，综合性原则是围绕着培训师的技巧掌握，都可以通过快速学习掌握，那么超越性原则的重点是培训师的眼光和判断力带来的结论和表达的独到之处，恰恰是这些独到之处帮助培训师成为受学员敬服的人。

这是长期日积月累的修养，非一日之功可以一蹴而就。

超越性的表现：

在经验上高于学员，可以用多种方法的教练让学员获得价值；

在见解上高于学员，可以提炼观点令学员心悦诚服地接受你的理论；

在表达技巧上高于你的学员，就能让学员清楚明白地领会内容的真意；

在行为上专业礼貌，就能在品德风范上影响学员，足以为人师表。

培训师的超越性原则要求你一定要在某一点上或多方面高于你的学员才能让人信服。假如你的学员拥有投诉处理的经验，那课程准备的精髓就是如何把投诉处理变成扎扎实实的训练结构，什么时候点评，最后什么时候总结。重点是提炼出能够复制的处理投诉的技巧总结，还是让所有学员现场演练掌握住这种技巧？这取决于培训师的安排。无论如何导演，唯有这点评和总结提炼的功力是学员不能代替的。

在培训课堂上，超越性的原则无处不在。你一定要具有自己的演讲风格，有独到的论点来支持你的这门课程。但最重要的是你能够给你的学员什么有价值的东西，没有准备，任何华丽的言词对学员都不能构成知识价值。

你一定对你所教的对象和方法有研究，才可以在关键处表现出超越性，这就是培训师的价值。这取决于对于同类课程问题点提炼的不同，也取决于整体的解决问题的独特结构设计，当然，使整个互动培训浑然一体的语言控制也是不可或缺的。超越的核心是认识论和方法论上的集成。高度决定眼界，难度显现能力，最困难的时刻往往是升华的机会。

一个关键就是点评。点评存在于你和学员互动的每一个环节。在每一个问答、行为训练和演练当中，你都要表态。这表态就是学员评估你的水平和实力的机会，也是征服他们的机会。最郁闷的表态就是：“好”，“很好”，这都是废话，因为学员不仅想听“很好”，他更想听有没有更好以及哪里可以再进行什么样的改善？

点评要解决培训师对学员行为的指点，就是他如何能做到更好，他哪里能做得更好，这个“更好”指的是什么？这是我们关注的核心。

为什么呢？因为当你把你的经验说给任何人，他们都不会信以为真。即使相信了，你的经验也不会转化为别人的能力。我们从中学到的就是尽力去做。你做得越多，你的经验就越丰富。你的能力就在经验中提升。当然，在培训课堂上，你要求学员做得越多，他们就有机会学到更多。

多做，积累属于自己的独特认知；多练，经验产生熟能生巧的结果；多教，在互动中我们可以教学相长；多写，把感受变现成为理性思考的能力总结。

不论何种风格，都需要在自知之明的基础上，多听，多问，多做，多练，多教，多写。多听，要求你必须学会发问，问到什么就能得到什么；不问，你什么也得不到。特别是在训练课程中，基于对学员水平的了解，发问的技巧是互动中最为重要的技能，我们在后面会单独讲解。

现在的人们，习惯于听命于别人的思想，听命于组织的安排，很多时候丧失了独立思考的能力。更有甚者，也丧失了基于认识基础上的行动能力，这简直是人生最大的误区。

因为，想法多的人，想得越多，做得越少。

这里不是指思想家。思想家提供的思想成果通过政治或社会机制传播，给群众指引方向，那说明思想者的价值，思想也是生产力，而且是最为重要的指引生产力发展方向的动力之源。

除掉思想家以作品为载体创造的传播价值，缺乏明晰想法，却被欲望追逐不停的、头脑混乱的人占大多数。胡思乱想，不是有思想，聪明人点子多不一定是智慧，不能用作品固化的思想就是情绪的发泄，特别是在人生的早期。想法一定和行动匹配，才可以对己有用，才没有虚度光阴，也可对别人和社会有用。所有创造都来源于对想法的执行。以培训师来说，就是要先多做，然后再讲，接着再做，做一次你就收获了一次经验，如果说举一反三，那就更好了。不管你是一个什么样的个性，什么样的风格，最终我们是要自己去经历职业和生活的历练，而经历的丰富是在当下从小事做起的。小事不想做，永远不要希望大任会降临到你的头上。小事你都没做过，大事来了你既无从判断，也无从反应。所以要从具体的行业经历、具体的岗位责任、详细的行为管理关涉的每一件小事开始自己的职业生涯。

第八章

培训课程的专业开发与设计

培训师的方法决定学员感知的强度，学员接受信息的频率决定信息传递的效果。考虑到人们接受信息时，使用眼、耳、鼻、舌、身、意的比重是不同的，培训师就应该尽量多地使用各种综合性的方法，力争达到信息覆盖的多重效果。

一、培训设计的四个阶段

在培训师进行课程的开发和设计之前，都面临着如何把太多的内容在有限的时间内传递给学员，如何把最重要的技能迅速教会给学员的挑战。

流行的培训方法和技巧有很多种，这些方法在什么时候用？为什么要用？用的目的是什么？都要弄清楚。如果我们不清楚，就会在不恰当的对象面前使用不恰当的技巧，或者，在最短时间内就要求学员脱胎换骨，要求三十分钟学员就能掌握所教的技能，半天时间就想让从管理人员到普通员工都能转变和改善等。因为不了解对象在信息接收和行为规律方面的主客观要求，使得培训花了时间和金钱，却毫无效果。有些人就对培训就产生了抱怨。其实呢，这也代表了普遍性的急功近利：不了解人的认知习惯，把人当成电脑一样的机械化部件，认为培训就是给电脑装一个软件，按键启动就行。但人之丰富多彩远不是一键启动那么简单。况且，如果内存不够，还启动不了呢。人的准备不够，就会拒绝信息和指令。所以我们要从对象如何接受的角度来看一下培训设计要注意的四个阶段：信息感知、知识理解、方法应用、技能提升。

这四个阶段是以对象的接受、认同、参与、改变为中心，对于培训师课程设计所提出的主观要求。

1. 信息感知阶段：要通过专业影响学员的接受度

每一个人在学习任何东西时，都要先通过眼耳鼻舌身的五个感知器官来接受信息带来的印象。

你这个培训给他什么样的印象，首先取决于培训师的形象。培训师上场了，学员先看的是你的外形，所以人格魅力的第一要素是打造你的外形。要穿符合身份的正装，要站得正、坐得直，要眼光专注、心神专注、内容烂熟于心，这是专业形象的感知基础。如果你眼神飘忽、动作不定、心神不宁，你怎么能让你的学员接受并喜欢呢？外形影响别人对你的最初判断的60%，你的课件和POP做得再好，如果你的外形不对，你就不能够获得好感。还有就是眼神，永远在水平线上和你的对象做交流。其次是手势，要舒展大方。第三是站得直、立得正，不能左摇右摆。当然，大部分人不录像是永远也发现不了自己在体态和形象方面的不足的。

我们能不能让学员在受训前的第一眼就能感知你的专业、你的魅力，除了形象外，还有语言的表达技巧。如果你的表达足够明白、清楚，学员就会理解；连语言表达都不利索，学员的感知只能很糟。内容方面，如果离他的工作和生活很远，他就不感兴趣；如果你的内容庞杂，天南海北，把混乱当博学，把八卦当渊博，学员也具有判断力，不被接受就是正常结果。

有些培训师会根本拒绝与学员交流。当学员问他问题时，他总是搪塞："我下次再讲"或"我以后有机会再告诉你"，学员会为此觉得郁闷。我认为有这种心态的培训师，他给学员的印象是非常差的，他教的效果也是差的。所以培训师对自己的第一个要求就是做人，要让学员感知到你乐于教他们，乐于和他们分享。我们要带着无私的心情有能力和学员分享我们所知道的一切，这是一个能让学员感知到的基础价值观和情感境界。不要以为对方不知道你的深层心理。一个人他不喜欢，他的眼睛会很冷漠，周围的场会非常暗淡。学员看见他就烦，就像谈恋爱，如果你喜欢他，他也喜欢你，你就会觉得如沐春风，所以这个第一印象，既是你的外形也是你的态度给学员带来的判断性反应，决定了开始时你能否被学员接受。

了解性格的差异性才能有方法的针对性。

由于先天的性格和后天的人格之差异，人们在感情表现、行为反应、思维方式、沟通对谈四个方面都会表现出很大的差异性。培训师要精通心理学，才可以超越性格差异看到事实真相。

比如：一个很有名的心理学实验：

在一架平稳飞行中瞬间急速降落的飞机上，传出了不同的声音："发生什么事啦？上帝！""救救我！""他妈的，真该死，怎么搞的！""请双手抱住头，俯下身子！”

对于同一个场景，人们会因为性格的差异做出完全不一样的反应。这表明，人们是从自己的角度诠释他所见到的事实。这个“事实”在科学的准确性上向来是经不起考察的。

另一个关于银行打劫现场的警察记录就更能说明问题：“先生，请您描述一下当时的现场情况好吗？”

“我听得门外一声刺耳的刹车声，然后一个带有加利福尼亚口音的男人大声喊道——趴下。我就趴下了。”

“小姐，请您谈谈案发时现场情况好吗？”

“好的，先生。但是我好像没看清什么，是的，当一个脸蒙着黑色连裤袜的男人拿一把这么长的枪对着我时，我就什么也不知道了。”

“女士，能否请您谈谈当时案发现场的经过？”

“是这样，先生，当一片混乱中我抬起头来时，那个男人浑身充满难闻的味道，我敢打赌，他至少一周没有洗过澡了。他已经让所有人趴下了。我不过是在趴下时顺便按动了警铃。然后，您到了。其余的就不需要我再说了。”

在这样的记录中，我们能很清晰地看到不同认知模式对于人接受信息和判断的影响。擅长概念和抽象思维的完美型关注评判；味觉嗅觉发达的感觉型关注差异和变化；视觉和判断同时起作用的行动型关注动作；按部就班的和平型记住的是针对自己的行为和语言。这里没有对错，只有差异。理解了人的性格和对于信息的反应的差异，培训师就能够真正放下“自我”的局限，认真对待不同性格与个性的学员。在设计中，要兼顾不同类型的学员的感受方式，采用多种的方法，使培训互动丰富多彩，而不是按照自己的喜好去做，那样将有很多人完全麻木，无法接收到他们不习惯的信号的刺激，从而令培训效果大打折扣。

这种认真对待是指在设计上就考虑到不同信息接收方式的差异性，尽可能创造培训信息接收方式的多样性，以兼顾所有学员的兴趣，才能达成最佳效果。学员对你的培训接受还是不接受？这也是一个有关对象的心理学和认知方法的问题，认识了这个区别，就可以明白人的分类可以帮助我们了解人性的局限，从而也能帮助我们超越这个局限。

2. 方法应用阶段：培训师的方法应用决定学员的学习效果

培训师的方法决定学员感知的强度，学员接受信息的频率决定信息传递的效果。考虑到人们接受信息时，使用眼、耳、鼻、舌、身、意的比重是不同的，培训师就应该尽量多地使用各种综合性的方法，力争达到信息覆盖的多重效果。

培训师能够使用先声夺人的开场白，直截了当地表达培训的主题；也可以用一段影片开始导入课程；还可以用一个活动使陌生的学员进入熟悉的过程从而破冰；甚至还有的培训师使用画外音和背对学员出场的戏剧性行为，以唤起学员的高度专注。

有一位个子很矮、长相一般、却有着配音演员一般的嗓音的培训师，在一次课程的出场就是背着身子开始的，当学员看到他并不漂亮的脸孔之前，已经被声音征服。

而他的导语也恰到好处地指出了课程的重点：你们喜欢我吗？学员回答：哇，喜欢。我漂亮吗？众人大笑。老师严肃地说：产品卖不卖得出去，决定因素是销售员而不在于产品本身。大家同意吗？一片同意之声。

因为人的接受信息类型的差异很大，有的人是听觉型，对声音敏感，没有变化的讲课就会成为催眠；有的人是行动型，没有身体的运动和接触他就坐不住；有的人是视觉型，环境的单调和习以为常令他们厌倦。对某一类型有触动的方法，对另一类人可能是灾难。有的人是理智型，太多感性形容和故事，就会令他们厌倦，“毫无深度”就会令他们失去兴趣。

利用一切因素触动学员，把他们从习以为常的判断、习惯和懈怠中带出来，提高他们的兴趣。这里面有多种方法可以使用，方法越多元，对学员的感受、刺激越普遍越强烈，引起的兴趣才足够进入学习状态。

在培训中，多种方法的综合利用是为了让大部分人增加接受信息的可能性，从而提高信息接收效果。具体内容，我们会在**技能提升**的方法一节中为大家讲解。

3. 知识理解阶段：培训师的知识水平决定学员的理解程度

培训师的知识底蕴和语言表达能力、课程设计结构都要围绕着是否能让学员理解并听懂的目的进行。让学员理解，他才接受，他不接受，你再讲得多也不起作用。比如，某些培训现场会发生学员和培训师的争执，一方面，这显示出学员修养上的不足，另一方面也可以理解为培训师在能力上不足以因材施教。培训师一定要真正理解自己所教授的内容，真正具有自己独到的认识论和方法论，才可以令对象信服。你真懂，他才服气。他不服气，想让他接受你和培训的内容也不现实。很少有学员能够做到从老师的错误中学习，大部分人一旦否定了老师的权威，接着就否定了老师所讲的内容。

正是因为对象在知识水平和见识方面存在差异性，决定了培训师要拥有超越一般人的眼界和见识。见识有高低之别，功力有深浅之分，一个人拥有什么样的见识，能否令不同的对象立刻领受相应的教法，在于培训师自我修养的功夫，和在社会阅历中学习并领悟的能力。读万卷书，不如行万里路；行万里路，不如阅人无数。为什么呢？当我们把自己和任何对象挂钩的时候，最终都会因为悟透自我和他人的互利和服务关系的实质而获得见识上的顿悟。培训师如果不能够勘破人和人之间的这种互利而博爱的关系实质，就无法彻底拥有真正的包容。

培训师在面对不同资质的学员时，挑战是如此随处可见，假如培训师认识有局限，学员素质越高，互动的风险越大；相反，老师见识高，学员素质低，那老师就要懂得择材而教，不能对牛弹琴了。如果培训师见识高，学员素质佳，互动会带来非凡的智力享受。也有老师见识高，学员技能强，但教法不能与对象匹配的情况发生，培训师就要提高自己因人而异的技能了。所以说，培训师见识的高度决定学员理解的深度。

这种见识的高度在课程设计中体现在三方面：

第一点，是观点认知和概念统一中的明确度，也就是从最小的概念开始的精确性。

第二点，是展开整个课程的论点之间的逻辑性，这种逻辑是学员工作实用中针对性的行为指导逻辑。

第三点，是对于学员表现的总结性提炼，对于整个培训课程收获或结果的高度归纳。

这三方面可以体现培训师对于学员接受和理解特定知识的引导能力，而不是泛泛而谈的议论抒情，案例讲解。离开明确的观点认知和方法教练及收获归纳，哪怕用生动的语言、绘声绘色的奇闻异事吸引了学员，结果，除了满足猎奇心理和增加聊天谈资，对于对象的行为改善并无助益，在培训设计中应加以避免。

4. 技能提升阶段：掌握六种常用的培训方法

（1）培训师的多种互动方法促进学员加深理解

刘勰在《文心雕龙》里说："操千曲而后晓声，观千剑而后识器"讲的是实际经验对于见识提高的作用。

下面介绍六种培训中常用的互动方法。它们包括：讲授法、演示法、游戏法、案例法、角色扮演法、沙盘推演法。

所有培训课程都会涉及讲授法，它被称为培训之母。

a 讲授法

讲授法是通过语言讲解体现思想意义的不同风格的表述过

脱离实践的任何见识，也许都是自我的想象或欺骗。如果在认识上已经理解了对象的差异性，在行动上就要体现出对差异性的重视，在设计的技能提升上就要理解不同方法的不同作用，并能够有意识地使用不同的方法。

程。在面对不同年龄、资历、岗位的培训对象时，培训师可以适当调整自己的语言风格或通过内容的侧重，增加培训对象的兴趣度和接受程度。

比如：年纪大，管理岗位的理性型学员，语言表达就要注重逻辑性和严密度，概括就要具备高度。年纪轻的新员工培训，就要注意语言的生动活泼和趣味性。讲授法当中最为常见的互动方式是提问法。

正确地使用提问，能够向学员展示老师关注的重点。进行重要内容的提示和导入，还能够增强学员的注意力。

通常，想展开对某一问题的研讨时使用的**选择性提问**，想征询想法时使用的**开放式提问**，强调观点与结论的**封闭式提问**，随时在讲授法中交替出现，起到不同的修饰修辞或控制引导作用，足以使讲授法变得生动并吸引人。

案例：微型课程导入练习

大家都知道，移动公司是属于服务型行业，那么我们服务型行业什么最重要呢？对了是服务！如果要以形容词来表示，什么是服务呢？（回答："永无止尽"、"持续性"、"知识的空间"）好，刚才大家所说的，都是切身体会到的实际经验当中去感知出来的，那实际上，服务是客户与企业相连的桥梁，企业是通过服务，给它的客户提供最专业的支持和产品。

那么现在，我将通过客户服务的理念、内容和立场几方面来跟大家解说一下什么是优质的服务。首先跟大家分享的是客户服务的理念，客户服务的第一个要点就是要做到换位思考，也就是说大家在的消费者立场上才能够体会到消费者是怎样的心态，才能够真正感受到他真正的需求是什么。第二点，我们是移动通信专家，那么我们就需要具备专业的业务知识，业务知识是客户服务的基础。再举个例子：海尔公司是一家电器产品公司，海尔公司在农村市场销售洗衣机的时候，返修率是很大的，为什么呢？因为农民用洗衣机洗地瓜，后来海尔公司专门研制出来一种既可以洗衣服又可以洗地瓜的洗衣机。大家从这个故事可以得出什么样的结论呢？（回答:“满足客户需求”）对！第三点就是服务需要满足客户的需求。接着请大家做一个互动，请大家伸出你们的双手，做一个“人”字给我看，应该怎么做呢？50%的人是这样做的，这样做是没有做到站在客户角度看问题的，那么客户服务的第一个理念就是换位思考、专业支持、满足客户的需求和用心服务，希望大家在今后的服务工作当中，做到真正的用心服务，得到客户的认同，谢谢大家！

在这段讲授法的练习当中，一开始就问了一个宽泛的大问题，“请大家形容一下什么是服务？”结果底下晕了，无法回答，因为不同的人对服务的理解差异太大，当需要明确概念时，让学员使用形容词，无形中令大家变得无法聚焦。培训师又导入一个问题：请用一个词来形容一下服务好吗？这个大家明白了，给予三个形容词，“持续性的”、“温馨的”、“增值空间的”。宽泛而无法聚焦，不是老师无法发问，而是针对对象问题的提问本身缺乏设计。

怎样才能让提问聚焦呢？设计你的问题：可以从界定角度、统一认识的最小概念入手。问道：

> 如果我们需要给移动公司的服务下个定义的话，大家将怎样定义服务呢？

我相信培训师会通过讨论强化学员对于概念的理解，并在导出观点时给学员留下深刻印象。

> 服务是组织或企业或个人用一系列活动或产品，满足特定对象需求的一个过程。

如果接着提问：

> 营业厅的现场经理如何做好客户服务？怎样改善目前服务中出现的问题？

这样就会简洁有力地提示培训内容，而不是在形容词上下功夫，“换位思考、专业服务、用心服务”都停留在务虚层面，对于行为和岗位之间的具体工作要求无法涉及。

模糊的问话，如果没有明确的对象性和目的性，会延误对

于内容的深刻延展。明确的问题，则会使讲述者简洁明了地达成所愿。

在提问的常用方法里，开放式提问和封闭式提问最为常见，其次是选择性提问。后一种在销售中常用。

开放式提问是指通过对于 5 个 W、1 个 H 的发问，获得未知信息的方法。

对于“谁、”“什么”、“哪儿”、“什么时候”、“为什么”及“如何做”的发问，有利于达成沟通的深入了解，因为无法控制对方的内容和表达习惯，要做好时间上的准备。这也是启动关系、增加了解的基本沟通问话。陌生人相见，最常用“您是哪里人”来打开寒暄的话题。

在培训开始，开放式问话由于这种时间不确定性很少被使用。

相反，**封闭式问话**由于对内容的明确界定，对方只能用明确的“是”与“否”来回应，经常用于培训的开头。由于修辞上的强调关系，常被用来唤起学员的注意力并引发关注。例如：

我相信，大家在来公司前都了解移动公司有三大品牌，是吗?

前提是，学员已经了解基本内容，这种封闭式的问话起到了吸引注意力的作用。而后面为使讲授生动，可以直接提问：

有谁知道是哪三大品牌呢？请举手回答。

互动已经产生，信息与参与提高了现场学员的兴趣。培训师接下来的讲授则突出了培训的重点。

> 今天我们培训的重点将围绕“全球通”、“神州行”、“动感地带”三大品牌的三大资费套餐进行讲解和训练，使大家在上岗前熟练掌握套餐的介绍方法。

可见讲授法中，意识到不同问话带来的互动效果，随时明了提问的目的，是提高语言表现力和吸引力的关键。

b 演示法

演示法在培训中是通过图表、实物或影像满足感受型、视觉型、听觉型学员信息接收喜好的必备方法。它具备**化繁为简、生动直观、便于领会的特性**。

复杂的概念工具一旦使用图标来表示就一目了然。

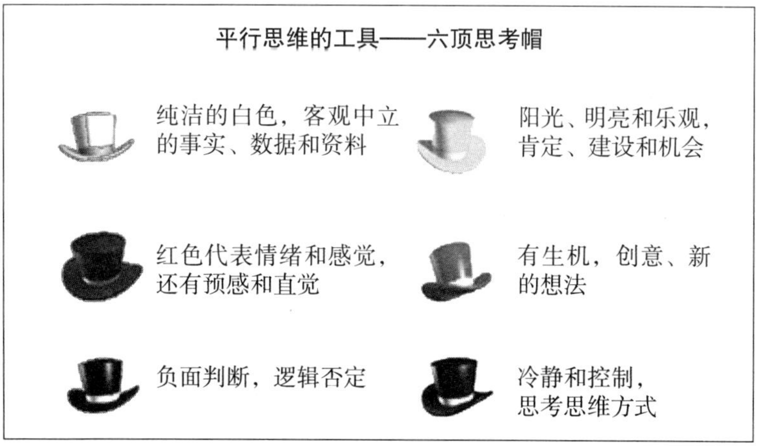

像管理工具类中平行思考法的六顶思考帽，用图表表示，

比起单调的语言讲解，更容易通过直观的图标增加记忆和理解。至于生动的影片，不但在企业文化的培训中大量使用，在标准化宣传和新员工新技术或标准化技能培训中更是常见。

当培训师用演示法讲解“空杯心态”时的注水动作引出另一个设计，同时提问学员：“这个水杯在满杯水的状态下，可以再装进多少大头针？”对于真相的关注将极大提高对象的注意力，但演示法需要的是对于现象的解释，能够唤起对象对于抽象理念的理解。所以，当放下100枚大头针都没有水溢出时，你可以听到现场学员的喘气声。

老师的发问方向产生了完全不同的理解。“我放了多少大头针呢？和您猜的一样吗？”是一种几乎不知道为什么做演示的提问。

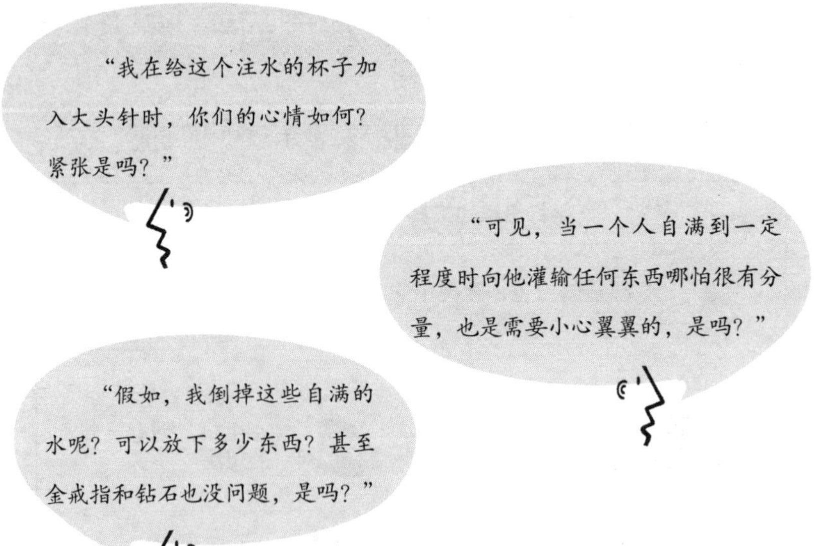

演示法由于直观、综合、概括和精炼的特点，是几乎所有

培训都会用到的常规方法。

c 游戏法

游戏法是由培训师预先说明规则，带领学员在特定情境下参与特定情节设计的活动方法。它的喻指性和启发性、行动化、益智性是特色。

由于其生动广泛的智力体力的互动参与，能够摆脱枯燥的讲述带来的疲劳感，在年轻人参与的培训中被广泛使用；而在以理性学员为对象的培训中，使用起来就要求必要性的说明十分充分，或游戏点评的结论极其深刻，否则容易引起逆反。培训中用得不好的游戏就会变成一盘散沙或是一场体育锻炼，很容易变形。有那么一句话曾广为流传，叫作“内容不够，游戏来凑”。就是指游戏的使用并不能和内容的表达达成一致。为热闹和减压做游戏，与通过游戏理解课程主题是两回事。培训师对此要在设计中充分考虑和准备才可以有备无患。

使用游戏时要注意的是规则的明确和时间的掌控，以及让学员分享游戏过程的感悟三个环节。游戏规则越明晰，时间条件越具体，组织起来越轻松，否则就会失控。通常我们建议培训师在讲解游戏规则时，要先用投影仪或纸稿介绍规则，包括人数、分工、时间、动作、禁忌。确认每个人都明了后再开始游戏组织。而游戏一旦缺乏分享环节，就会失去游戏的意义。引发游戏感悟的带领体现培训师的观察与领悟能力。由于个人认知水平的差异，即使同一个游戏，不同培训师却能带领出不一样的结果。

在游戏的使用中，重要的不是使用游戏数量的多少或内容是否吸引人，而是培训师和学员能否通过游戏的参与挖掘出真实而深刻的领悟。

大部分没有经验的培训师在这个环节容易用“下面我们做一个游戏”来引发兴奋，宣布规则时已经人声鼎沸、无法控制了。有些需要做多轮的游戏又会因为时间延迟而使过程漫长，这多是因为设计时对于时间的要求不清晰带来的。游戏法由于对于参与者体力的要求，大部分活动剧烈、对场地有要求的多用于年轻对象的培训中，也有部分智力游戏用于中层管理人员的课堂上。最能体会游戏法的吸引力的是团体拓展训练，那是游戏法的市场化，说明人类对于游戏的需要是本能，参与或设计游戏也是满足人类天性的一部分。

d 案例法

案例法是指通过取材于工作和经营实际，专门编写的，具有争议性、现实性、新颖性和指导性的情节文本的使用，帮助对象厘清认识并提高处理复杂情况的能力。

由于取材于工作实际，或直接与经验性的场景挂钩，容易带来直接的经验参与，因而广受学员欢迎。案例的多义性与不确定性的讨论，既能够帮助学员突破惯性思维习惯，又能在争论中吸收多种不同的经验处理方法，展示不同的处理风格或显示不同的问题解决方案。而其鲜活、实践、多解的特性，也对培训师或学员的点评能力提出了挑战。此法是 MBA 教学的常规方法，平时更多地使用在理性为主的管理层级的培训中。

通常在培训前，培训师已根据对象的需求提前做好案例准备。为什么要事先准备好案例？因为案例的多义性，现场发挥时，由于经验不足，很容易失控，或者，由强势者主导的情节观念占据上风，让学员无法就多义性冷静求解。所以在使用案例前，**最好是通过确定案例的讨论方向，把关注的焦点用问题加以限制，这样才可以把握住研讨的方向，控制住研讨的时间**。由于掌握同一个案例的是不同对象，研讨题目就会产生不一样的讨论方向，同一个案例在大部分的基层员工到中层干部乃至高层培训中都可使用。

【案例举例】

森普特是一家美容医疗用品生产企业。近来连续发生几起原材料失窃事件，请公安部门侦查也无结果。于是，公司重申了规章并张贴到工厂大门：发现盗窃者一律开除。

上个月，保安发现本厂维修工阿强的提包可疑，当即盘查，结果发现一架台灯。经审查，证实是从一台报废的机床上拆下来的，前几起盗窃与他无关。

在准备将他开除时，全厂80%的员工联名写信给董事长，提到去年下暴雨仓库进水，休班在家的阿强主动到厂，奋力抢救，避免了十几万元的损失，为此还负伤住了院。公司只是提出了表扬，没有什么奖励，这次该给他一个改过的机会。

讨论题：

① 该开除阿强；还是该给阿强改过机会？

② 假如你是保安，怎样看待阿强的行为？

③ 通过此事，公司的管理制度方面应该做哪些改进？

④ 如果您是阿强的经理，您如何与阿强面谈？

考虑到不同受训对象岗位要求的差异，我们可以试着用这同一个案例，举出不同的研讨题目，各位可以试着分析一下，他们分别用在什么对象的何种培训上？研讨题目有否利于对象提高某方面的能力？对于对象的问题了解和对于技能提高的关键掌握，使培训师技能的专业性体现在对于案例使用的问题开掘上，并不在于案例的多少和大小。

e 角色扮演法

与案例法对于内容多义性的设计不同，角色扮演法通常是通过场景再现和角色扮演使学员身临其境，体会工作、沟通或决策中的关键技能或两难困境，从而令学员获得真实的现场感，提高自己对于习惯的警觉度，改善自己的行为模式，掌握相关的岗位技能。提前准备脚本是常见的备课方法，要求培训师对于学员的工作及岗位要求非常熟悉，才能根据训练要求找到要求差距或推出标准样板。在做移动公司内部培训师培训时，我们现场做过岗位角色设计和脚本撰写工作，取材于工作实际的生动脚本设计在课堂上演示时，成为非常鲜活的训练教材。在销售培训和服务类培训的现场训练中，让岗位人员掌握相关岗位关键技能的角色训练培训，成了培训不可或缺的重要方法。而在管理人员的面谈技巧培训中，通常对于新的管理人员需要脚本，对于资深管理人员做绩效面谈角色扮演训练时，可以不使用脚本，直接进入实际角色。但因为学员个性、资历、表达能力、沟通习惯的多种差异，此种现场模拟极其考验培训师的经验和现场分析处理的点评能力，也要求培训师精通绩效面谈技术，否则容易平淡或失控。

f沙盘推演法

比起侧重思维决策方式的多元性的案例法、行为互动参与的游戏法、身临其境的角色扮演法，沙盘推演因其综合性而成为高层训练的常用方法。针对特定行业、公司或组织的经营过程，案例场景与人物，外部营销与内部管理，人员沟通与财务管控，通常都包含在沙盘推演的节奏进程设计中。丰富的内容与专业的表现，使不同岗位的高层管理者在接受相应的技能培训时，都选择了专门的沙盘推演训练。

前边讲了，讲授法是培训的基础，案例法是通过讨论参与来加强观点立场感知，因为他越有兴趣发言参与互动，领会得就越深。演示法——人们通常会愿意看电影，愿意通过短片、电影、故事和动画来感受抽象的哲理，使用这样的方法会让学员有更直观的感受，对他们也更具吸引力。

当你想让学员理解特定内容又能轻松参与的时候，游戏很重要。当学员精神放松时，他吸收得会更快，相反越紧张，吸收记忆效果也会越差。所以当我们做团队训练、语音训练、礼仪训练时，经常面对的是阅历很浅的年轻学员，这种情况我们会在训练中加入大量的游戏，寓教于乐，学员一边开心地参与其中，一边就能记住终生难忘的道理。还有一个就是点评法，训练中无所不在的点评能加强学员的记忆和体会。这些方法，贯穿在对象理解、接受、应用和感知的整个信息接收过程。每一个人在接收任何信息的时候，都会有一个先理解、后深思、接着尝试去做，然后转化成为自己的行为指导的过程。不了解对象需要这样一个循序渐进的接受过程，关于知识和技能的传递培训，按照自己擅长的习惯去做，效果就不会最好。所有这些常见方法中最最重要的当然是以行为互动为主的训练法。我们需要单独讲一讲。

g 训练法

包含七个步骤的行为训练法，注重特定技能和行为模式的掌握，相对于其他培训方法更加聚焦于特定技能的行为强化，是所有培训的核心方法，也被称为培训之父。

通常，从解决对象特定问题入手的培训设计，可通过七个环节，达成培训效果。

① 选择瞄准问题

② 标准展示分享

③ 参与实际练习

④ 现场行为点评

⑤ 再次重复训练

⑥ 自评与互相评价

⑦ 测评与循环巩固

在这种训练法的应用上，**通过选择瞄准问题**，确定“什么问题”成为训练的核心工作的第一部分。当你在有限的时间内，教学员学习一个方法时，你肯定是要在需求出现后做出重点选择。

如：人力资源部经理说，给员工做一个企业文化培训吧。这个需求极其明显和直接。你围绕文化讲完后，发现学员不知所云，或者说是假、大、空。他们不懂什么文化和他们有什么关系。然后你就说新来的员工素质太差，怎么听不懂呢？就特别苦恼，没有办法讲下去。**我们说需求出现的时候它不能代替选择。在这里，我们要做的判断就是选择对象的需求点。在这里，个人需求和企业需求的同步与合一性意味着培训的成功。**

如果我们分解这个需求，第一步是要明确对象。一类是新员工，另一类是老员工。他们在进行企业文化培训时遇到的问题是不一样的。对新员工来说，文化对他意味着要了解企业，还要了解制度和收入，了解他自己该干什么。这是每个新人进入企业所关心的，这才是他的问题。然后最深入的，他知道他该干什么了，他还要想明白该怎么干。所以，假如你给新员工讲企业文化，你就一定要抓住这个去讲，否则，企业文化对新员工来说是抽象的。老员工讲什么呢？第一是企业的发展和未来，第二是个人如何突破和提升。所以对老员工，你就要讲什么是企业文化，你要导入理论、概念和方法。**每一个员工都是企业文化的代表，企业文化就是人的行为文化。由于对象的不同，选择性开始起作用。**

第二步，呈现标准和要求的部分，就开始因人而异了。新员工他要了解这是一个什么样的企业，制度介绍和员工手册说明会让他们清楚地知道自己如何做才符合公司要求；对于老员工，企业文化就要抓住重点来讲，我如何在企业文化中找准位置和把握收入上升的空间，老员工如果没有上升的空间，是不会接受空泛的文化说教的。

所以，第三步的训练就成为考虑强化的重要内容。在这里，技巧非常重要，你的观念、系统的训练方法论非常重要。然后，你的方法是否实用非常重要。你开始要做的是在这两个对象的训练当中帮助他们理解什么是企业文化，所以在新员工企业文化的训练环节，企业的价值观和经营理念，要深入他的脑子里，而且是一定要倒背如流。在这个前提下，比如营业厅的服务标准、接待用语、员工守则的行为训练等才可以通过一个接待环节的设计展开。文化不是虚的，文化一定是和行为挂钩的，这里就引入了行为训练部分。

最怕的就是文化说来说去都是概念，所以企业文化培训课程要导入行为训练部分。那么对老员工来说，你要解决他的实际认同和上升空间，这点可以通过让他成为新员工的师傅和教练来实现。他在展示标准的过程里，已经体现了自己的权威和价值，也让新员工看到了自己的不足。

自然而然，在老员工示范、新员工学习，新员工训练、老员工点评的过程里，培训师也在通过总结性点评带动整个训练环节，以达成培训的训练目的。所以我们认为，完整的训练过程就是一个与对象工作行为挂钩的过程，对行为改善的关注和投入是七步训练法的精髓。

（2）训练法的应用频率决定技能提升的效果

一个完整的培训设计要基于对对象的信息感知、知识理解、方法应用和技能提升四个目的之理解，效果要靠互动方法使用的覆盖面和关键技能训练的频率来完成。一场培训，问题解决或技能强化的七步训练，究竟如何落实到操作层面，并能够在有限的时间内使最多的人参与并受益？对培训师来说，也是一个具体的实施技术。下面以培训师训练的训练法实施为例，跟大家分享训练法的应用。

初次训练，"一分钟的自我介绍"是全体照镜子

比如，常见的两天的课程，在讲解与训练的时间安排上，如何重点突出又能让学员改善行为呢？通常会安排三次行为训练。

为了让全部学员了解自己的基本能力水平而设计的全员参加的重点摸底。比如：我们做 TTT 培训第一次要做的"一分钟自我介绍"，就是通过简短明确的要求，使学员轻松表现本来面目。回放录像等于照镜子，让学员看到自己体态表现与语言表达的习惯，找出不足之处。

第二次三分钟训练是为了内容的深化理解

在三分钟表达的内容要求上，是介绍自己的主讲课程。通过三分钟迷你课程的推荐，检查学员对于结构和技法的应用掌握如何？同时，还要把老师讲解的眼神、动作、手势等形体要求体现在行为的改进上，在表达上表现学员对快速组织文字的公式的掌握。当然，有些"功夫在诗外"，学员的表现有赖于平时素养的综合积累，但不可否认通过此种高强度的训练，确实能够现场看到强化学员对于教法与结构的认知实践带来的突出效果。当然，在过程的组织上，要求在规定时间内，以小组为单位轮番练习和组内点评，全班同时进行，以节省时间和扩大训练面。然后，请每个队抽出代表选手上台参加公开演练，再次录像回放，点评。

往往在这个应用环节，学员深受触动。我们会发现，自以为简单的内容，表达出来并不如意，越是简短的，表达越困难，而习惯很难在短时间克服，接着，学员自己的点评就可以让大家看到水平的差距。看到差距就是目的，学员就已经找到了提升的方向。

第三次就是成果演示了

如果在结尾安排第三次的精短课程设计作为学习汇报演出，在要求上，通常都安排全组设计迷你课程，循环演练后推出最佳选手代表本组参赛。在比赛中，要求选手使用经典互动手段，通过开头的导语介绍清楚结构，在结尾体现课程内容的完整性。中间一定要设计互动环节，以证明培训师使用不同教法的主动意识。

在结尾的这个参与仪式上，我们和学员都可以亲眼看到培训的收获，就是从头到尾对学员语言控制及互动行为改善的大力推动。在领导们参与的课堂上，见解与幽默、互动与从容、数字逻辑与对比案例都成为他们熟练使用教法的精彩表现，让大家十分享受方法带来的水平提升。那是十分动人的一刻。

所以，技能提升一定是通过多次反复参与训练，让学员感受到差距，这是我们在设计中一定要体现的。如果在培训课程中没有体现训练安排的目的性，那你就很难看到学员的行为提升。

任何工具和方法，都要为人所用，而且明确针对什么人用，为什么要用。回答了这三个问题，这个方法和工具才有价值。

否则，一个什么都学过，什么都听过，什么都见过的人，十八般武艺都知道，却既不会用它们，也用不上它们，那又有什么用呢？一个被工具或知识捆住的人，就像一个守财奴把所有财宝都藏成了破铜烂铁而没有让它们变现价值。工具和方法的真正价值，取决于对象。我们所有的价值观能否影响别人，我们所掌握的方法和技能能否教练别人，我们能否根据不同的对象选择一个特定的法门，显示我们对人性和事物原理的把握，也取决于我们对于对象目的性的明确。

因为最后，所有技巧的高低和方法的对错，都由对象反馈的结果证明，并不是由技巧本身证明。对象决定效果，只有做到使用别人看不出来的技巧，才能为目的服务。如果动辄就炫耀技巧，动辄就炫耀游戏的魅力，动辄就要给大家来一段劲歌热舞的培训，就只是个人才艺表演的场子，并不能带来让对象行为改变的结果。

不要为方法忘记目的，不要用技巧代替能力。决定一个培训师的修养以及和一个培训师的境界和能力高低的，是通过使用不同方法与工具，有效影响对象并让不同的学员认可的结果。

二、课程培训的开发进程与方法

如何开发一门新的课程？比起按照权威教材做成的专业课

程，以及各机构推出的认证课程，针对个别企业、个别岗位、关键人才、核心技术所做的特殊培训，一直更受欢迎。这就需要量身定做自己擅长的新课程。**在开发课程阶段，培训课程开发需要把握的五个重点是：**

a) 对象性，课程的选材是否满足特定学员需求。

b) 目的性，课程的代表性和标准化是否可以复制。

c) 知识点，学员需要掌握的知识点是否清晰。

d) 训练点，是否与学员工作需要的行为技能挂钩。

e) 考评点，是否有标准化考核对培训后效果进行评估的基础。

以上，需要掌握三个关键步骤：

1. 在明确对象后把握主题

在对象、目的、需求、时间四个关键要素上获得确认。这四个要素任何一个不明确都可能会对开发课程造成制约。

当我们明确培训对象后，还要在培训目的上深入挖掘才可能弄清楚真正的目的，否则不一定开发成功。当然还有时间的局限，一天六个小时的培训和一个小时的培训，从主题到内容都会大相径庭。确定一个主题的时候，开发者至少要清楚三方面的需求：领导者的需求、受训者的需求及课程设计者的需求。比如：

市场上大部分课程开发都是以全能的教育视角来做的，表现在内容上是全面的、呈现方式是充满科技感的，结构上是科学的、逻辑清晰的，而课程对象是广泛的，当然也是模糊的。一天的培训很可能用上 100 张 PPT，但它不一定是有针对性的。

某一年，天津浦发银行找我做礼仪培训，本来接了单子就可以做课件了，但是我认为需要明确为什么要为银行的客户经理做礼仪培训。经过与人力资源老总交谈后得知，原来，浦发当时在天津网点不多，业务集中在专门做大客户的小众市场，这需要客户经理在开发市场时体现专业性。实际上，注重拜访礼仪和体现专业性的目的都是拿单。于是，我的课程开发围绕大客户的预约、面访及跟进环节设计了礼仪训练，受到热烈欢迎和肯定。

这说明，领导者和客户的需求也许直接，但是并不一定是深层目的，在做交流时，一定要在深入了解业务、明确对象的基础上去理解目的，根据实用和指导性原则设计出主题及课程。

2. 围绕对象需求进行素材搜集

在素材搜集阶段，需要确定对象的关键问题。全面的调研是一定要做的。比如：我们想做一个主题是“**店长的管理能力”的培训**，收集需求的第一个对象应该是店长的上级，应该听到上级管理部门对店长管理水平的评价，然后才是做店长代表的调研和访谈。有时，店长认为他的管理能力没问题，实际上店长自己完成了全店 70% 的销售，销售能力一流。而公司则认为管理能力跟部下完成任务的行为和业绩有关，如果只靠店长自己完成业绩，却不能带领团队，如何提高员工的满意度和团队整体绩效，就是对他的培训重点。寻找上级和下级对于**能力问题的共同认识**成了课程开发当中关注的重点。所以搜集素材时背景要全面，案例要精彩。同样是店长，我们每一个省、每一个市的店长水平一样吗？他们所存在的问题一样吗？都不一样。所以我们开发课程时要兼顾全面、突出重点。突出重点的时候最好就是有一个典型案例，这个案例要来源于公司实际，有鲜活性和可讨论性。一个案例要囊括管理问题、绩效问题、行为问题和人性问题，然后让所有参与者学到与自己不同的观念，看到不同的做法。在课程开发阶段已经开始搜集的案例通过有目的的设计准备，就能够把需要强调的知识点和受训人员的岗位工作关联起来，在培训现场达成训练目的。

3. 演、讲、练是培训的设计基础

培训的设计一定包含演、讲、练三部分内容，像前面提到过的浦发银行的大客户礼仪培训，我就设计成了两天的课程。时间上，头半天讲礼仪的基本原则和仪容仪表，用后面一天半的时间讲大客户的销售技巧，在设计内容结构和训练分布时，侧重解决大客户经理的头三脚的问题：

① 你能够约到客户面谈的电话礼仪要求。

② 在面谈过程中建立信任的沟通方法。

③ 为客户清晰介绍产品的专业能力。

由这个例子，我们可以看到，培训设计的核心不在于知识

的专门性、系统性，而在于针对性和实用性。只有核心要求出现了，才能够获得课程设计的基本判断：

① 文字表达部分：你讲什么？从何处入手？讲的百分比有多少？

② 知识交流部分：重点是什么？如何呈现？通过什么来演示？是实物、还是影片？

③ 行动参与部分：训练要点是什么？训练解决对象什么问题？如何覆盖最多人？

在此基础上才可以开始制作讲义。在内容的设计上，要的是核心结构分明的思维形式。落实到PPT设计中，不要追求形式精美，而要用少而精的文字强调核心概念和基本论点，避免文字连篇累牍，高度简练才能突出重点。图表要有逻辑性，知识性、经验性和工具性的归纳概括要突出。颜色要鲜明，每张PPT上不要超过三种颜色，颜色越纯粹，系列越简单、越高雅，越容易被人记忆和接受；越乱越花，越容易对视觉产生冲击，让人忘记你强调的内容，而只关注你使用的颜色。用一个比较浅淡的底纹，突出你的字体，字要大；用鲜艳的底纹很容易让字体模糊，但要注意底纹要避免使用雅致的灰色，因为一旦放到投影上，后面的人就无法看清。内容上注意：概念要清楚，定义要明确，然后观点要鲜明，问题要突出，解决问题的方法、方案、流程要突出。至于案例、动画、素材，甚至影片，这些都可以插入。基本的结构要干净。

这样学员的注意力才有焦点，否则，内容越详尽，听课的注意力越涣散。格式上，有各种标准模板可以借鉴，这里就不讲了。

三、标准课程开发的要求与模型

当公司发展到一定规模，为了人力资源的开发与技能的复制，需要建立内训师培训和选拔晋级体系，就需要有人力资源部门对于系统的设计要求。薪酬绩效方面的KPI（关键绩效指标）权重的设计，兼职还是全职培训师岗位及工作量的界定，都成为非常重要的问题。各种企业都采取网络教学或巡回教育、集中培训等多种方法来应对市场扩张中对于人力资本质量的高要求。企业大学、商学院层出不穷。一旦有了内训系统或网络学院，为了保证自我经验复制或经验传承，都需要进行满足本企业特定文化与行业要求的课程设计与开发。以我们为企业进行系统设计与课程开发的经验，课程开发如果没有专门时间或专业辅导，兼职内训师只能主讲一门或多门熟练课程，很难做到开发出可以复制的课程。

一旦不能通过开发特定岗位的培训课程复制内部的经验，课程开发就变成了培训师的经验总结，培训则仍依赖内训师的授课技能，无法在企业大规模推广。所以，规模企业大部分都会量身定做符合自己企业的管理经营、产品销售、市场推广和文化要求的内训标准课程，并通过开发标准课程达到人力资本的复制。

开发好的课程通常要包括如下文件，才可以达成课程的标准化和复制。

1. 课程大纲（WORD文档：课程名称、课程时长、课程对象、课程内容二级大纲）

2. 课程手册（WORD文档，讲师用课件：详细课件，含参考资料和重要素材，时间节点，教法说明）

3. 学员手册（PPT 文档采用公司 PPT 模版，发送到学员手中的课程讲义）

4. 试题案例（课件附件：录音、录像、照片文件，用以展现标准或呈现常规问题；标准文字答案，可用于该课程知识点的当堂或后续考核）

5. 课程讲义（PPT 文档采用公司 PPT 模版，在讲授现场展示的课件）

如果从开发要求上，达到如此详细到二级提纲甚至拥有详细文字讲义的程度，我们还需要再次细化课程结构的方法，才可以令大家充分理解设计的真髓。

第九章

如何达成“凤头、猪肚、豹尾”的效果

元代文人乔梦符谈到写“乐府”的章法时提出“凤头”、“猪肚”、“豹尾”的结构性比喻，一直被文体家、评论家们沿用。它要求文章：开头，像凤头那样美丽、精彩；主体，像猪肚子那样有充实、丰富的内容；结尾，像豹尾一样短而有力。这个理论在培训课程的结构上，同样适用。关键是这三个效果如何达成？通过何种方法体现？要达到什么目的？

一、凤头：美丽、精彩的开端与序幕

一个精致美丽的开头是如何做出来的？用什么样的方法可以体现？考虑到培训课程的时间性限制，一个合格的导演将有能力导出抓人的序幕、互动的高潮和余韵不绝的尾声。

那么，从一个精简有力的开头开始，它必须符合三个条件：

① 能够引发对象的兴趣。

② 通过关联性建立可信度。

③ 清晰地预告主题内容。

这三个条件是开头的必备要素，至于使用起来的先后顺序，则因人而异。**风趣的自我介绍是与现场学员建立关联性的重要环节，清晰地预告主题则避免混乱与不知所云。**通常可以用一个标准结构呈现：

各位尊敬的学员，大家好。我叫李德才，德才兼备的德才，今天，我将用一天时间和大家分享《银行大客户经理的综合服务技能》。

还可以变形：

大家好，今天我们要一起度过六个小时的学习时间。比起你们繁忙的客户，我会给你们带来轻松的享受，当然，还有收获：德才兼备。我叫李德才。大家看我的名字就知道，今天的收获一定很大。我们今天分享的课程主题是《银行大客户经理的综合服务技能》。

如何进行自我介绍呢？我们要解决对象眼中你是谁的问题。当我们介绍自己的名字时要清楚有力，不能含糊其辞，你的名字介绍得越清楚，引发的亲切感和注意度就越强烈。谁都愿意面对一个能叫出他名字的人，而不愿意面对一个无名氏或搞不清他姓什么叫什么的人。

不要忽略自我介绍：假如给平凡的名字增加点创意性介绍，还会让别人感到你的幽默和智慧。

曾经有一个学员，作自我介绍。他说，“我姓钱，就是大家很爱的那个东西”，接着，画了一个元宝，每个人都笑了。“看来，哪个人都爱钱啊！那么我的名字的第二个字，就是祝大家有多多的钱，有多少呢？像珠穆朗玛峰那么多，我的名字的第二个字就是珠穆朗玛峰的峰。那么有了钱呢，我相信大家的心情会无比光明，对，我名字的第三个字就是明，光明的明。大家想想，假如这个元宝像珠穆朗玛峰那么高大，大家的心情会不会像我的名字那样光明啊？”

大家说：“对。”这样大家就记住了他的名字叫钱峰明。

如果一个培训师在他的培训过程中把“关联”这个词记在心里，他的培训效果就会格外突出。因为关联，实际上是一种对对象的敏锐觉察。保持这种觉察，我们和对象之间就存在一种因为关注而产生的有意控制。关联是产生控制的基础。“只知有己，不知有人”时，你的培训可能是展示才艺的过程；除了“知己”，还能“有人”，你心中有了关注的对象了，你立刻就知道过程怎样做了。

和听众建立关联，需要保持你的独特个性。只要你想拥有最大的影响力，你必须要有个性。这个性就是你用最舒服的方式表达自己和对象的关系，但不能因为和对象的关系紧密而变成对象。在对于现场和对象的觉察中，保持你独有的东西。如果你表情生动，那你就在语言表现上更生动一点；如果你缺乏表情，那你就让内容无懈可击；如果你喜欢特别欢快的互动，那就用你的热情感染所有的人。我们每个人要寻找自己身上最擅长的那一点，然后把它发挥到极致。刚才的钱老师是如何找到自我和对象的内在联系的呢？请思考。

预告性主题介绍。满足学员对于未知内容的期待，其中要特别注意回答学员关于需要做什么的问题，才能唤起学员的注意力和参与准备的积极性。

比如：

> 今天，我来到这里，和我们的技术精英、我们的骨干分享PTT（职业培训师培训）课程。我们将通过三天的课程学习，解决从培训理念到培训方法的学习问题，然后通过我们现场的表达和设计练习，让我们创造一个最有效的培训效果。本次培训的核心是什么呢？演练和研讨。大家会通过一分钟、三分钟和结营仪式的迷你课程演练，掌握培训师的核心技巧。

概要说，培训课程的导入部分首先就是要引发兴趣，这是要学员对你和你的课程感兴趣，其次就是建立可信度，一个人形象越专业，说话越严密就越有可信度。接着要预告主题，这个是最重要的。

比如说我们讲一个市场营销的课程，我们会用这样的导入：

> 亲爱的伙伴，今天我想和大家一起分享一个市场营销的培训课程，鉴于大家都是多年的市场营销方面的专职人员，我们从三方面来讨论营销问题：什么是营销管理？解决我们分销商和渠道管理的架构问题；什么是营销方法？公司的营销方案通过终端的服务来实现如何做到更好；第三部分是销售技巧，每一个人面临客户的时候，如何把我们这个人、公司和产品销售出去，这部分有两轮必要的实际演练，这是我们这

三天要学习的内容。

预告内容不需要很长的时间，但前提是在设计的时候知道你的内容，如果你没有设计就拿来去讲、去练，练得满头大汗回家了，自己的结构还是不清晰，就没有办法预告。所以说导入部分的头两点是容易做的，一会我们讲几种能够引发兴趣的开头方式，大家今后可以用上，但最重要的是预告主题结构，你的这个结构必须非常清晰，比如说理念、方法和训练，你必须要包含。你的内容要有这三点，才可以让预告充满质感。

开头部分除了解决关联性的介绍和主题性的报幕外，最具灵活性的技巧是引发对象兴趣的方法。

有五种引发听众兴趣的方法：

1. 问题导入法

使用不同的问句来导入课程，在注意力的集中上是快速见效的。除了我们前面分享的封闭式和开放式发问，整体式的发问也会吸引全体对象的注意。比如："我想大家都已经精通了我们移动公司的三大品牌了吧？"（封闭式）"有谁来谈一谈三大品牌的区别呢？"整体式的发问是针对全体而做的探寻，也会用于一个阶段、某一个单独的内容总结上。

对特定的对象发问，也有可能是对特定的内容发问，如：

“我想知道，有谁现在就能说出全球通的套餐数量呢？”这是一个开放式提问，也是一个对全体的发问，可是如果我把它变成一个特定的发问，就一定要有具体对象。问题就会变成：“小王，你一周内平均接待多少咨询客户呢？”这是一个特定式的发问，因为我把对象和问题联系在一起，如果我还想让它更集中，也是可以的。不管如何使用问题，每一个都要跟对象和内容有关，才可能在开头就吸引注意力。最怕的提问是不想问而使用了问句，而且还是封闭式的问句，那就无法打开听众或对象的心了。比如，一个获得奥运金牌的运动员被记者采访道：“我相信你一定会为拿到这块难得的金牌而自豪吧？”等于没问。现在媒体上，这种强加于人的伪问题比比皆是，一定要小心。

随意性的问句，看上去使用了提问方法，既没瞄准对象，也没瞄准特定内容，问起来就不着边际，就会产生混乱，令开头不知所云。所以问句用得好，它会强化概念、会提示知识、会提升技能，会强调动作、会增进了解、会打开视野。但前提是问者知道为什么发问，对什么对象发问，发问的结果和目的是什么。

2. 事件导入法

一个讲话或课程用大家耳熟能详的时间开头，是极其省力的抓住注意力的方法。

比如：在给新入职的大学生讲解《新员工的职业素养》时，一位老师用了马加爵事件作开头：

对象熟悉的人和事、众所周知的社会热点事件、历史上非常有名的典故、名人事件等，都可以因为内容的相关性被用来加强开头的效果。也都足以让人立刻产生亲切感，唤起兴趣，或进入兴奋的状态，这也是有效破冰的方法之一。

大家想必都知道“激情杀人”事件的讨论吧？他和大家一样的身份是什么呢？是的，大学生。大学生的天之骄子身份，如果没有好的修养和健康的人生态度，就是对于自己的自欺。今天，是各位伙伴加入公司大家庭的首场培训，我要跟大家分享《新员工的职业素养》，大学生变成公司职员，需要什么职业素养呢？我们公司对于职业化的要求有哪些呢？我们将从职业化的专业阐述开始，到职业行为规范讲解，最后，大家将会参照影片中的标准进行行为语言练习。相信培训结束后，每一个人都将焕然一新。

3. 引言导入法

使用名言做导入法是最常见、开宗明义的开头方法，心理学理论认为，人们天生对于权威和名人有不自觉的认同。名人名言具有吸引对象认同的作用，所以，好的演讲家创造名言，流传千古，专业的演讲者总是能够利用人们的心理特征，娴熟地使用名人名言以加强演讲效果。

引言是指对于名言警句、格言、俗语、成语等流传深广、大家耳熟能详的励志短语的使用。培训师如果掌握这个方法，也能够带来兴趣与吸引力的提高。当然，好的引言必须与课程内容建立有机的联系，才能不至于突兀和不知所云。比如：

法国的拿破仑将军有句名言“不想当将军的士兵不是好士兵”，一直广为流传，我相信这句话的本意不是指每个士兵都要成为将军，而是指人生要有远大的志向和明确的目标。大家同意吗？生活中，只想成为别人而看不到自己局限的人会不断品尝失败的苦果；工作中，没有行动的人不会获得任何经验，就不会拥有“会当凌绝顶，一览众山小”的高峰体验。没有目标的人生容易庸碌无为，有了远大目标，还要懂得“千里之行，始于足下”，扎实前进，从士兵到上尉，逐渐积累自己的经验。这样做的同时又懂得扬长避短的人，则能创造自己想要的奇迹。今天，我们跟大家分享的《职业生涯规划》就先从目标开始。

4. 数据导入法

心理学研究了使说服有效的四个因素——传达者、信息、沟通渠道和听众后，得出基本的结论是：传达者如果具有权威专家的头衔或眼睛直视对象、语气果断、穿着很有品位就比较可信。在人们接受了多少、接受了什么信息的调研中，信息排列的首因效应非常明显。人们对于自己先听到的非常有说服力的信息不容易怀疑却容易记住，如果你有正反两个观点需要表达，对方往往倾向于赞同你的第一个观点。当然，沟通渠道上，面对面的沟通或复杂内容的文字沟通最为有效。这也是我们非常明确地去使用能够唤起对象关注与信任的沟通方法。

比如，你用“哈佛大学的一项研究表明：100% 的成功，沟通技能和态度占 85%，而另外 15% 则取决于专业知识与技能，因此心态与沟通能力决定你的表现与成就”作为培训的导语开头，哈佛大学和百分比的精确性就会给对象带来更高的信任感。比较流行的国际某牙膏品牌就最善于使用专家协会和数字辅以牙医的专家形象推广自己的产品，也确实达成了很高的市场占有率。虽然新闻已经揭露出那个协会是徒有虚名的，但并未影响它的销量。

精确的数字总是让人自然地将它们跟科学挂钩，有着确定不移的意义，所以经常被使用。而不喜欢数字的人一说话满口都是“大概”、“大约”、“差不多”则会让个人失去权威感。作为培训师和领导者，表达精确性能够增加听众或下属对于你的信任度。

5. 活动导入法

在由陌生人组成的培训课堂上，人们的紧急需要不是解决来做什么而是尽快搞清坐在我身边的是谁。因为不认识会使交流产生阻隔，让听众不容易被单一传播的信息吸引到共同的兴趣上来，这是这种培训和会议应该先解决的问题。

所以，能够起到“破冰”功能的游戏往往可以率先登场。培训师经常用“团队组建”来做破冰活动，以打破僵局。根据对象年龄组建家庭，评选家长；组建公司，决定做什么生意；组建正方反方，准备对抗。无论有什么样的内容目的，活动开始时，都包含一个必备要素：自我介绍与领导选举。在没有经验的年轻人中，或很少参与培训的制造业学员里，培训师给予的自我介绍要求越明确，介绍就越容易开始，否则，就会失去参与性而被敷衍了事。特别是有着负面思维的人一旦开始提出异议，其他人就会附和：我们是来听课的，不用再介绍了。这说明老师的要求没有说明自我介绍环节与内容的紧密联系。当然，一个没有互动及良好内容预告的开头也是容易引起对象逆反的。

比如：我在交通大学的MBA课堂上，每期开头都会要求学员组建公司，确定公司主营业务，现场选择推举董事长、总经理及相关部门负责人。要求他们对于自己选择的团队忠诚，对于自己选择的市场产品和经营方针慎重负责。因为在两天的经营中，他们中的任何人要能够回答公司的经营定位和营销策略，并能够接受客户咨询。有时候，课程刚进行到半天时间，有些队员就当场反对自己公司的定位及发展思路，但原则已定，不能推翻。大家从中学习到了对于自己的选择负责，市场决定不容掺沙子，后面的经营讨论就非常酣畅了，甚至针对现场想法的讨论经过多轮讨论和点评，变成了学员们实际投资的项目。

所以，活动开场一定要把控时间，提出明确的要求，达到沟通与信息交流、认识与实践分享、判断与团队协作等训练目的。活动应该符合呼应主题的互动法则，不能为活动而活动的脱离主题。

以上，是培训的开头部分需要达到的目的和可以采用的方法。实际上，在精彩的培训中，大部分都是通过方法的综合使用才能达到声情并茂、言简意赅的。这需要我们精心准备，长期练习。

二、猪肚：充实、丰富的内容

凤凰的头是精巧而美丽的，猪的肚子都是圆滚滚的，猪肚用在培训的中间，就是喻指你的培训内容要丰富：有观点、有演示、有活动、有行为演练，也有提问和点评，内容构成要很丰满。但是要做到整个结构张弛有度，还需要一个关键内容的逻辑层次安排。

这是我们的经验发挥最多的地方，整个内容结构最重要的部分，千万不要变成一言堂。这也是职业化培训区别于演讲的重要特征，它是将工作经验和教练技巧与对象问题解决，经过完美的设计和雕琢，用心打造的一个精美的互动演出。

职业化培训最重要的中间部分，大家切记，叫问题点、互动点、总结点，你的问题要针对对象实际，你的互动训练要针对问题解决，你的点评要深刻具体。

那么我们如何让中间的课程变成丰满的猪肚呢？

1. 理清理念

必须讲清楚以一个主要概念为核心的基本理论逻辑。目的是解决从问题点出发的理念认知的统一问题。

2. 传授知识

知识是要为学员提供需要掌握的工具、方法，或专业技巧。目的是解决概念延伸后的逻辑理解问题。

3. 行为训练

目的是解决学员关键行为的改善问题。训练必须与实践中的工作行为挂钩。

一个全体学员都能参与的活动设计是一个成功训练的标志，这会成为培训的高潮部分。由于训练选择的节点或给予的前提不同，不论行为互动采用游戏还是研讨，案例还是角色扮演，都涉及最为关键的点评，这就是课程设计中要有明确意识的总结落脚点。没有明确目的性的提炼和总结，培训的内容就不能称为丰满，甚至内容可能因为活动失控而变得臃肿。

这也是我们在培训概念中讲的三点，是培训课程中最重要的结构性要求。讲清楚一个概念，传授一种知识，训练一种技能，这三个要素构成了“猪肚”的核心。当然，在这三个部分，你可以分别使用不一样的手法。比如：你用提问来引发注意力，你用演练来增加现场的体验感，你用研讨来让他动脑增加他对这个问题的理解深度，你用影片演示了标准节点。方法的多元决定了培训过程的丰富多彩，也让整个培训的高潮部分张弛有致。**如果一个培训综合使用了多种方法，也预示着他满足对象的机会和让对象获益的可能性更高。**

三、豹尾：短而有力的结尾

俗话说：编筐编篓，全在收口。再好的课程，如果用平淡乏味的语言结束，都可能令整体效果黯然失色。结尾能否让整个培训余韵悠长，除了语言要表达的精炼生动外，也在于观念的重视与方法的使用。

不同课程的结尾除了像豹尾一样短促有力外，在目的上也都需要满足三个要求：深化学员对于概念与重点知识的理解，强化对于他们行为改善最为重要的训练印象与收获，引发他们未来对于自己应用所学的信心。

这种结尾的要求也可以通过五个方法做到。

1. 呼应收结

首尾相应，方能圆满，做事不能无头无尾，培训当然也要首尾呼应。俄国剧作家契科夫，在如何写戏剧中曾讲过一个比喻：假如一个戏剧家，在第一幕的墙上挂一把枪，那么第三、第四幕一定要有一个角色来使用它，否则这支枪就没有必要挂在舞台的墙上。这个例子生动地说明，所有的文章、培训、戏剧的表达，都要有一个整体结构上的安排和细节上的呼应，就像音乐的主旋律一样，重复和回旋构成美和记忆。

结构的美体现在首尾呼应上，就如好莱坞电影的细节呼应一般。如果培训开头引用了一个提问，那么结尾一定要记得问大家："我上午给大家提了一个问题，大家学习了三大品牌的特点，现在有谁可以回答我这三个特点吗？"这就叫"首尾呼应"。首尾呼应有个好处就是：它有非常完整的形式，前边举例讲了人物故事，后面就要强化学员从人物故事中学到了什么；提问强调了问题，到结尾就要再次强调答案；用故事作了精彩开头，结尾一定要有故事的总结来启示学员。前后呼应，没有多余的和断线的人物与观点，多看看好莱坞电影就能发现所有细节和人物包括对话，都会贯穿全剧并在结尾做出交代。呼应是让结构精美完整的常用手段，有意识地使用它，能让我们的讲话或培训保持完整和谐的美感。

2. 提炼收结

提炼收尾，在观点观念的传导上，仅仅平铺直叙不足以让听众印象深刻。只有提炼出令人牢记不忘的观点，才能强化听众的记忆。比如说：前边讲了客户服务的概念和认识，结尾就要在理论认识上加以总结。

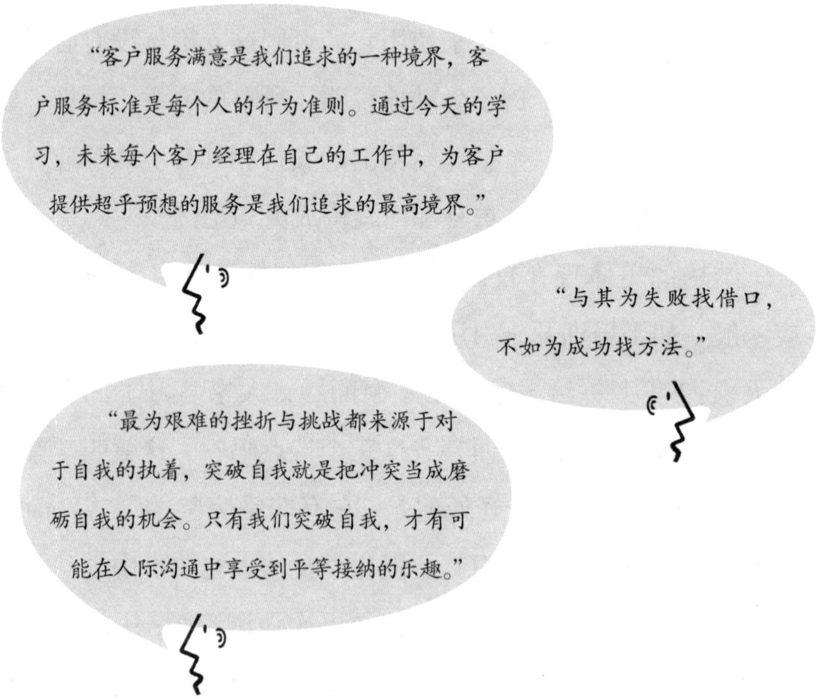

任何培训或活动，都需要总结，学员或对象才会有深刻体会。提炼收结，用更高的境界和观念去感召和督促学员积极向上，获得感悟。课堂上的提炼收结，可以反映出一个培训师的经验、阅历和学识，同时反映他对课程的准备程度，如果你的经验不够多，积累不够深，如果忽略了方法的学习和实践的准备，就会流于平庸，很难在结尾做到精彩。

3. 名言收结

与名言导入对称的，课程结束也可以引用名言收结，能够引起对象的兴趣和记忆力的强化。可以选取一段名人语录，做结束赠言，比如："我希望大家都能够在大客户销售过程中，身经百战，然后百炼成钢；希望我们今天的收获能够帮助大家在市场竞争中练就金刚不坏之身，'不管风吹浪打，胜似闲庭信步'。"用常用的名言警句结束你的话，别人会感觉亲切熟悉。赠言的出处有很多，要么是诗词、要么是名人语录、要么是歌词，当然还可以引用领导讲话。不过，领导有水平有提炼的格言警句可以引用，"貌不惊人"的平淡无奇就免了，免得有拍马屁之嫌。像给大学生做的职业生涯培训的结尾，就可以用：看到了大家优异的训练表现，我对于大家未来的职业发展非常有信心。'长风破浪会有时，直挂云帆济沧海'，祝愿大家学以致用，为自己和我们的团队创造更辉煌的成就。"所以，赠言和收结要发自内心，为你的课程服务。比如说："希望我们各位年轻的同伴，在学习做培训师和个人成长的过程中，有'独上高楼，望尽天涯路'的远大目标和使命感。即使遇到任何挫折，有强烈的信念支持，就会体现出'衣带渐宽终不悔，为伊消得人憔悴'的坚持与毅力。当你收获肯定与成功时，才能体会到'蓦然回首，那人却在灯火阑珊处'的满足。"这是清末民初词论家王国维的《人间词话》总结的三个境界。拿来给我们所用，依然十分生动。

总之，引用名言，力争做到使大家耳熟能详，您说的让大家觉得非常亲切，看到各种网络用语的风行，大家就会明白熟悉对于传播和影响的重要了。这样的名言比我们平淡的语言更有味道，更容易让学员记住和回味。

4. 活动收结

许多培训由于时间的限制，训练时间不够，通常就在结尾设计一个**汇报演出**环节，使学员能够分享在培训中的收获。这种形式也很受学员欢迎，学员的多才多艺和提炼收获的能力让人十分享受。

在培训的结尾，经过一天或三个小时的训练，用一个活动收结。比如给培训师做培训，我们会在训练营结束时做一个**团队展示**。这个活动就是让大家说我们的队名、队呼，主要是看哪个团队的展示能够做到让人眼前一亮。我们首先特别看重手势和动作，其次看重表达。因此每个人要讲"一句话的培训感言"，看每个人在培训中学到了什么，你的总结能力如何，概括能力如何，这个活动就成为整个训练课程的收结。

如果你做一个销售课程，你想要我们的营业员把产品销售出去，那就可以在课程结束前，剩下的半个小时，让一组人来扮演营业员，另一组来扮演客户，然后来一次成功的销售演练 PK。这样的活动检验了学员现场参与组织的人际互动能力，是培训师检验学员是否掌握销售技巧的一种很好方法。

5. 感召收结

领导讲话通常就是用的感召，比如："各位同事，今年在和竞争对手的争夺战中，我们已经取得了很大的成绩，希望大家再接再厉……”下面掌声如雷。表达幼稚一点的领导还会说:“我希望大家……我还希望大家……”说太多底下就没气儿了。为什么啊?因为感召说太多就不叫感召,感召一定要精,说一次,要有力!不能一而再,再而三地感召。士气可鼓不可泄,一鼓作气,二鼓泄气,三鼓气就绝了,因此感召的特点就是要一鼓作气。如果你要做感召,有个条件:年龄大、资历深、职位高可以做。

你是老员工,是培训师,给我们新员工做培训,可以用感召;如果你是一个经验不多的培训师,想给老员工做培训不能用“我希望……”这样的句式,这样老员工心里就不舒服了,就有想法。同时感召时常用到“你”、“你们”,“我希望你们”常用这种句式,如果想要在培训中建立很好的亲和力,少用“你”和“你们”,把“你和你们”改为“我”或“大家”,这样就会让别人心里特别舒服,愿意接受。注意语言中的用词和角色,然后使结尾干净、利索,“余音袅袅,绕梁不绝”,那就是最好的结尾了。

结尾可以用多种方式,总之要让别人有所想象,有所感悟,有所强调,这样就把结尾做得很好了。要避免什么样的结尾呢?避免这三种:一种是文不对题。你说的结语跟课程无关,讲一个笑话就结束了培训,或者说:时间到了,大家吃饭吧。用这样的语言结束培训很麻烦,很多人会不自觉地在短的培训当中说“要不咱们一起去吃火锅?”底下的人说“Yeah!”然后走了,没人不兴奋。说老师掏钱,去吃火锅,但是这会把培训的兴奋点转移到火锅上,起不到强调培训内容的作用,却起到了逃避的作用，文不对题。

还有一种是仓促退出。一觉得时间不够，就说“哎呀，反正内部大家都那么熟了，回去大家把手里的单子都看一下，就行了，下课。”你把该讲的没有讲完，你让大家看，结果大家很郁闷，既然你不用讲了，我也不用看了，于是就都走了。再有一种就是“拖”。“我要补充一点”，“我还要补充一点”，“我再补充一点”。结果学员越听越不行。你的话即使没有逻辑，结尾也是能够做到123的，通过强调重点、加强印象、感召或首尾相呼应来让亮点突出。**理念上强调概念分明；方法上强调技能收获；行为上表扬具体进步：学员在你讲的方法上掌握了多少。结尾时，情、法、理都要兼顾，要以情动人，所以才回味绵长。**

在主体结构的三段论中，表达的公式要记住：开头，自报家门，通过良好专业的外形，建立可信度；选择使用吸引注意力的开头方法，建立关联和吸引力；接着明确预告你的主题结构，明示对象的参与动作。一旦介绍出这三点，你的开头就非常精致、准确了。中间，宣导理念，传授知识，训练技能的核心结构要求切记。结尾也一样，掌握三点：第一个要深化理解，首先要强调你的概念点与要求学员记住的知识概要；第二个要强化印象，通过针对性点评讲出学员的行为表现，记住，表扬能带来欢快的情绪，欢乐则容易建立好感。第三，你的语言是否能有意识地激励对象引发他行为的自觉，用提问、引言、赠言、案例、故事或活动创造精彩的回顾和收结。如果大家记住这个规律，你每次讲话就像脑袋中展现出数学公式似的，让自己能够言之有物。

第十章

课程开发的关键要素

我们做课程设计，就要求在逻辑上有一个基本脉络，也就是抓住让对象明理、懂法以及会做的主要关键。在这个逻辑前提下做课程的具体设计就会心中有数了。

一、基本前提条件

1. 理清基本思路

在做课程内容设计之前，一个培训师必须要有结构上的思考，才可能很具体地开始内容的操作。但是，如果内容的内在逻辑不分明，就会影响时间的分配，最后很可能依然是讲多练少，难以达成效果。如果，培训师遵循着让培训对象认识上“明理”，观念上“得法”以及行动上“会做”的逻辑思路进行课程开发和设计，在具体开发课程时，就会做到心中有数了。实践中，我们发现，拿来别人开发的课件提意见没有问题，自己做课程开发却随时可能犯下经验主义的错误。

所以，课程开发不是照搬教科书，也不是经验总结，更不是方法集汇，而是达成训练目的的导演安排。比如，要开发《营业厅的标准化》课程，它的基本结构就可以是下面这个样子：

第一部分　什么是营业部标准化?

1. 营业部标准化的含义

2. 营业部标准化三要素

第二部分　为什么做营业部标准化?

1. 运营中存在的问题

2. 标准化案例——分享

第三部分　怎么做营业部标准化?

1. 五项管理规范

2. 三种推广方式

3. 构建实录分享

其中，第一部分安排了学员讨论活动：侧重概念和标准化建设的学习。通过完成不同的活动，学员会将注意力集中在标准化建设和应用上，这有助于学员将学到的知识应用于工作之中，并弥补了概念与标准化建设之间的差距。第二、三部分案例和实录分享：实践所学到的技能，将之应用于现实生活的背景之中。通过很多真实的案例，学员有机会实践并快速掌握营业部标准化建设方面的技能。

2. 确定培训主题

通常主线有了，就需要确定课程主题。主题的选定既与培训师的经验领域有关，也与客户的特定需求有关。课程就是产品，主题就是课程的核心，培训师的培训就是产品的生产力。

主题有时通过课程的名字体现。像之前我们所举的《移动公司的三大品牌》，大家就知道它是介绍公司的三大品牌产品的。《营业厅资费套餐的三种推荐方法》，你从课程的名字上就可以直接看到课程的内容，这是一种非常明显的以产品为主的课程主题。

还有一种如《客户服务技巧提升》《提升值班长的管理素养》，这样的名字就很大了，这是一种以对象为主的课程主题。

还有一种如《情绪管理》《5S 管理法》《六个西格玛》，这是以内容为主的主题课程。

《TTT 培训师初级训练》这样的课程命名既包括了学习主体又包括了学习内容，是综合性的主题课程。

主题有的时候与课程的名字相同，有的时候是不同的，不要以为课程的标题就是主题。如果能用动词做课程的名字，通常都能够形成结实的主题表达。

3. 明确核心概念

那么怎样确定一个培训课程的主题呢？首先要寻找核心概念，然后要在明确对象特定需求的基础上，聚焦于特定概念和方法的逻辑安排，着眼于对象问题的解决，以达到改善对象的观念或行为的目的。

同样《提高服务素质》类的培训系列课程，如果使用主题性表达，就会成为以动词为主的《打造星级服务标兵》或《值班长的服务管理技巧》，根据对象的不同，内容可能会大相径庭。

新老员工对服务素质的要求是不同的，班组长和值班长是不同的，值班长和室经理是不同的，同样营销渠道分管员和营业厅的服务员也是不同的。

弄通了这个区别，我们才可以理解，为什么一个培训课程名字、主题都相同，但内容却差异甚大。因为所有**设计的核心前提是明确对象。**

4. 明确特定对象

没有对象的任何设计都可能是无用功，或只能自得其乐。而一旦瞄准对象及对象的问题，所有的设计皆可串联成为一个完美的结构。

在此基础上，不论内容如何改变，课程设计中的技术点是有共同之处的。没有目的则无法开始，没有方法则对牛弹琴，没有互动则万马齐喑，了解了培训对象是什么人后，清楚了课程结构设计的开头结尾三段论要求，就可以开始课程的整体内容设计。

二、掌握关键技术：一条主线，五个基本点

我们把课程设计的具体操作用五点一线来表示。一线，是指设计的时间经线必须满足对课程主旨的贯彻落实。五点，是指课程结构中的五个关键节点，完美体现内容的三个功能实质。点线结合，构成课程结构的完整框架。

一条主线：在明确对象特定需求的前提下，围绕特定主题，

在特定时间内，完成从概念到方法，再到行动训练的逻辑安排。达到改善对象的观念或行为的目的。五个关键点也是培训实施的**五个要点：**

问题点	切入核心问题	动情
概念点	聚焦知识主题	动心
知识点	展示逻辑方法	动脑
训练点	联系岗位技能	动手
反馈点	提供评价标准	手脑并用

正因为培训有时间限制，所以，必须在有限的时间内聚焦并解决问题，如果没有对象就会变得特别宽泛，无法形成核心结构。因为任何课程都是有时间限制的，时间长短决定了培训内容容量的大小。时间越长容量越大，反之就会越小。在一天六个小时内，或两天十二小时内，完成从统一认识到解决问题和行为改善的要求，内容不加设计的泛泛而谈就很容易看不到重点，课程也会很难讲。

我们**做课程设计，就要求在逻辑上有一个基本脉络，也就是抓住让对象明理、懂法以及会做这几个主要关键。**在这个逻辑前提下做课程的具体设计就会心中有数了。

1. 从问题点入手，抓住对象关注的焦点

如何开始才能抓住学员？他们最关心什么？从心理学上

讲，人们只关心自己和自己感兴趣的东西，自己的问题永远是最重要的。从对象的兴趣切入，引对象动情，当然是抓住对象吸引力最为便捷的方式了。所以我们说，不了解或不明确对象，设计便无从开始，就是指这个道理。因为你的目标越分散，抓住这些分散目标的问题就越不容易，开头就容易散乱，时间就会浪费在寻找兴奋点而不是单刀直入上。所以，设计前，一定要明确对象，你的对象越单纯，你的设计课程的着眼点就越明确，切入就越容易。

抓住核心问题切入，当你确定对象的时候，通常会遇到这些问题：对象的年龄、学历、工作经历、性格和岗位，这些因素决定你的客户是完全不同的。年龄越大，理性越强；年龄越小，感性越强。那么在设计的时候，首先考虑对象的这些特征，考虑到他们接受信息的习惯。用问题来设计课程的开头，当然最能抓住年长者的注意力，也最节省时间。用游戏开头，则最容易令年轻人放松并预热。

那么，使用问题开头，能够关注对象的所有问题吗？不能，在有限的时间里，我们应该关注些什么呢？我们的关注跟受训对象的心理满足有关，对象行为或产生行为的原因就是关键问题点。寻找问题点，通常在培训前的调研环节已经解决。比如，针对销售精英的培训这样开头：“大家知道我们最优秀的业务代表月销售额能达到多少吗？我们入职半年的业务人员的平均业绩又是多少呢？想不想学到让他们快速提高销售业绩的方法呢？”

在设计课程的环节，问题点已经和情绪调动的切入点紧密相连，成为减少时间快速进入主题的钥匙。切入点能否令学员动情和问题点能否令学员动心，构成了培训课程开头的核心要素。

2. 从概念点入手，介绍主题涉及的知识原理及范畴

最简单易记的方法是通过课程的主题或标题的核心词入手，开始对概念内涵的统一认识，然后介绍整个课程，以及学员需要学习和掌握的知识原理及重点范围。这需要足够的逻辑系统和知识更新能力令学员开始启动思维机器，进入动脑消化和理解阶段。

某一年，在北京听了一位道教的知名大家做健康养生讲座，一个小时，老人家围绕“健康养生”四个字讲得结构清晰、逻辑分明、毫无废话。可见重点词语的把握对于表达的结构贡献甚大。

当然，一门同样的课程，由于对象与重点的不同，也会带来完全不一样的内容侧重，这就要考验培训师取舍的功夫了。**让学员通过对关键概念的理解，直接接触到自己需要掌握的内容是非常明智的。这样不仅可以快速地抓住主线，还有助于调动学员的兴趣。**比如，要做一门销售课程的培训，学院派的专家会从销售理论入手，将销售技巧、销售心理，甚至销售环境、广告销售等都涵括在内，而在企业做一天的销售培训，就不那么简单了。对于不同对象，这个销售课程的概念从哪里出发就有差异了。拿移动公司为例，对于负责大客户销售的客户

经理，集团客户的概念、特点与需求可能是展开的重点；对于营业厅人员来说，套餐与产品的利益点和客户需求判断可能是核心问题。一个关注到哪里去找客户，一个关注来到身边的客户如何去搞定。这就告诉我们庞大的知识系统必须被精练到为我所用的层面才能好用，易记，容易被受训对象接受。

3. 从知识点开始逻辑阐述，呈现系统工具方法

缺乏从核心概念出发的知识点的有趣描述和生动直观的方法介绍，课程或演讲很难聚焦，费时又不能吸引对象。

无论您有多么丰富的经验或多高的头衔，都不能替代您的感染力和影响力。在阐述知识和经验的表达过程中，善于使用修辞法和结构法，让自己从容驾驭语言，获得对象认可的幽默风趣的权威表达，并不是一门简单的技术，反而是需要多年磨砺的艺术。能否以理服人、以情动人，是在这个阶段体现出的语言表达能力的关键。否则，照本宣科、枯燥乏味，即使知识再新奇、方法再先进，也不足以吸引对象。

每年有很多名人都会在深圳高交会的国际论坛上讲话。有一年，我和几位企业老总拿了票去论坛听名人交流。大会安排了很多名人分享，每人三到五分钟。后边一个工作人员举着牌子在提示："三分钟到了，停……"，只见有的嘉宾刚做个自我介绍，就看到提示了，就说："由于时间关系，来不及详讲，以

后有机会再交流吧。”就下去了。有的人说“对不起，我准备了很多，大家看一下吧”，然后开始按键翻页，仔细一看他们准备的能有几十张或是上百张的PPT，然后就下场了，有头没尾的，露一面就下场了。还有人刚说三句话，工作人员提醒时间到了，坚决“看不见”，等人家上来提醒，还说“这是什么意思，搞什么搞，我还没讲完。”然后拿着话筒继续讲……结果是主席台上还正讲着，下边已经开始哗哗地离席。主办方把每个人像展示考古文物似的展示一下，然后那些嘉宾每个人三分钟还没把想要描述的说完，就已经结束了。

这除了说明主办方的目的是展示名人、并安排缺乏经验之外，还提供了一个信息——专业领域的成功人士，也许并不具备在一个公众场合设计演讲结构的能力；创业与获得财富的成功，并不意味着懂得自知和尊重对象。因为在公共演讲中缺乏起码的对象意识和内容的结构技巧，公开演讲或培训大都成为自己的经验总结、经历回顾或心态总结。像上面的情形，甚至会带来舆论的副作用，伤害到名人的名声或企业的品牌。

表达需要专业训练。首先通过概念引发内容的聚焦，接下来知识点的展开除了独具特色的风趣表达外，还要注意到必须有核心动词或主要观点的逻辑延伸，或围绕主题词进行系统介绍，这时记得，如果您使用一个图表演示，会使您的知识点更直观的被人记住，同时更能增加表现力，并节省讲述的时间，也会让培训或演讲表达逻辑更清晰。

定位——战略必须清楚专注

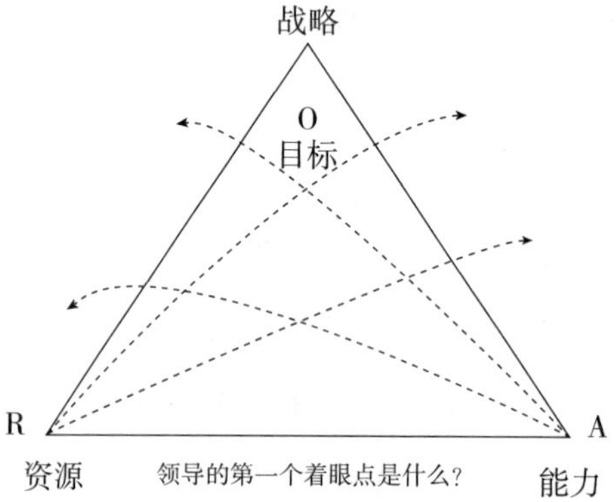

我在《成功领导者的五个管理技巧》中，在概念上清晰界定“什么是领导者”以后，用上面的图形展示了领导者第一个重要的能力：定位能力。在长远战略与具体目标的实现之间，领导者的能力和资源互相制约和成就。有人看重资源，有人重视能力。实际上，那些成功人士都非常清楚，拥有明确的目标与坚定的信仰，在行动之间不断根据外在现象、趋势变化调整自己的行为，以坚持所追求的理想目标的个人能力，才是利用资源实现目标的关键。

一味强调资源却可能忽略对于资源的取舍及对于目标的把握；一味强调目标有可能忽略利用资源推动目标实现的过程互动。唯有对于目标的坚持与目的的明确，才可能令人在资源与关系的利用上面游刃有余。上面这张直观的图表，让各种观点的阐述和展开极其便捷，一览无余，还能强化学员对于目标重要性的记忆。利用直观图表或影视短片、科教短片都可以在培训中解决语言难以短时说清的复杂系统或逻辑分析。

4. 从训练点瞄准技能，提高行为实践能力

培训或演讲中想要吸引对象，记住概念、方法、行动的三段论永远是最有价值的。概念是你要讲的知识重点，方法是你提供的核心知识，行动才是培训的关键价值。心理学上有一个原则叫作：行为改变态度。行动才是认识自己的最佳途径。如果一场培训只有优美的讲解、撼动人心的言辞，只有完整的结构和精彩的影片，甚至连案例都印发了100页，但是，学员却没有找到机会展示自己的动手能力，看到并解决自己存在的问题，那说明这是一场不成功的培训。因为，人们认为自己能够记住的知识也许三天后就忘记了，但是人们对于自己的公开表现却不会忘记。**创造每次培训的动情、动心、动脑、动手的互动点就成为培训的关键节点。这会让培训对象通过眼耳鼻舌身意的所有感官和心灵互动，创造难忘的学习体验，从而改善自己的观点和行为表现。**

对此，培训师绝不能掉以轻心。当然，四点中训练点的多样选择是因人而异、因层级而异、因需求而异。我们尽可以使用多种方式展开自己的设计思路，在培训中不拘一格地运用练习来达到我们的培训目标。这四个点也可以打散使用，或不按顺序出现，只要核心内容在过程里能够精彩实现，顺序不是问题，结果和效果才是我们和对象共同关注的。

这些互动点的选择和使用通常都跟培训对象的资历、年

龄、职位相关。目的是让学员在互动中通过动情、动脑、动手、动心从而实现培训效果。为达到此种卓越效果，**培训师的综合能力比单一技术更为重要。**

这种师生身语意的交流互动，感受从来不是单一的，而是综合的信息反馈。比如：如果想提高高层的洞察力和决断力，案例研讨能从不同的角度为他们提供开阔视野的机会；表达观点的公开演讲能够展示他们的影响力；采取分组竞赛的挑战赛辩论会又足以考察关键时刻学员的行动力和领导风格。重要的是，培训师有意识策划互动结构，有方法点评学员表现，有能量推动学员参与，有见识令学员认可水平，有能力激发学员的潜力来达成提高目的。

5. 设计反馈点收集信息，为培训管理提供完善量化的标准

通常一旦涉及训练环节，次数、时间、点评、回放等动作就会出现，而评比需要标准，竞赛需要裁判，点评需要关键结论，这些都会有提前可以量化的知识标准提供给相关人员。

至于受训学员训练的效果如何、知识的掌握怎样？很多人力资源部门都是通过现场发放问卷来让学员对于自己的培训收获做出评价。其中，既有关于课程本身的知识结构设计的打分，也有学员对于培训师能力的评估，还包括学员对于自己投入程度的自我评价。人力资源评价系统比较完善的企业，还有后续的对象**能力跟踪评估**，或员工流失率的**数字统计**，以检测

相应的培训效果，用于培训管理和组织岗位的绩效考核。

大部分培训的评估都是以学员的现场满意度为基准操作的。现场培训结束后，人力资源部门和专业的培训公司都会做现场问卷评估。所以培训师一定要关注学员的问题及解决问题的关键动作设计，否则，就会费力不讨好。

三、专业评价要点与整体结构形式

1. 评价要点

职业培训对于培训师的专业要求通常有以下几点：

（1）礼仪风范：着装职业，眼神坚定，肢体语言大方，发音标准，语速适中。

（2）授课技巧：概念清晰，结构严整，案例使用得当，时间掌控得当，课件制作生动。

（3）知识重心：有核心概念，有标准案例，有知识逻辑设计，有学员反馈。

（4）互动训练：有针对性提问，有行为演练和点评，有总结。

一门培训课程的开发，首要解决对象问题，然后才可以有市场化和操作的机会。实用性即在于此，这也是培训区别于教育的地方。

2. 结构总结

由于对象的确定，需要解决信息传达与接受方法使用问题；

多种互动方法的掌握才能满足不同对象不同阶段的需求；

还要兼顾整体结构的形式要求，三段论的完整性让内容安排节奏分明；

更要保证内容使用实用与聚焦的五点一线的要点突出，使培训拥有很好的序幕、高潮与结尾。

我们可以通过一张五线谱的结构设计图来直观理解课程的整体设计：

课程题目：______________________________。

培训对象：______________________________。

培训地点：______________________________。

时间线	五点内容线	各种方法线	目的线	资源线
午餐、午休				

3. 设计练习

根据下面给出的培训课件，请您试着找出课程本身存在的问题。答案见附录一。

时间线	内容线	方法线	目的线	资源线
9:00~10:30	客户服务的常见问题	讲授法	具体感知	摄影仪
10:40~12:00	客户服务的基本要领	模拟法	思考解析	电话、标牌
午餐、午休				
13:00~15:00	客户服务的企业文化	案例法	概念升华	演示纸笔
15:20~17:30	客户服务的创新策略	研讨法	应用考验	演示纸笔

四、培训课程开发中的常见问题与应用模板

1. 课程开发和设计中经常出现的问题以及解答

即使学习了本课程，那些拥有实际的行业或专业经验的在职内训师，在着手做课程开发时依然会遇到大量的问题。特别是想变现自己的职业经验，从自己熟悉的行业开始进入市场的自由培训师，也需要开发自己拿手的课程开始职业之路。在多年的专业辅导中，我们也总结了一些开发课程中常见的问题，供有心的读者参考：

开头部分

问题一：只从专业出发，课程缺乏针对性和对象性，因为对象不明，导致知识要点模糊，重点不突出。

进行课程开发时，要弄清楚以下三个问题：

（1）要明确培训课程的主要对象，了解这些人的普遍性问题。

（2）合适的培训时间是多少，从而决定素材的取舍。

（3）培训者需要使用什么样的工具或案例，才能使课程的互动与工作实际相结合。

建议：明确开发课程的培训对象。已知的对象决定课程时间和选材，由受训学员的问题入手进行课程导入，更能够突出培训的实用性。

问题二：部分课程导入时核心理念不清，不能做到开篇即吸引学员的注意力，课程针对性弱。

建议：在清晰课程对象的前提下，从学员的问题入手设计课程，并通过学员工作中的实际问题或者生动的故事作为课程导入的途径，开篇点题，要明确概念，开宗明义，要明确讲授的目的。用故事讨论开头会增加吸引力，把故事的立意点限定，使故事成为亮点，讨论成为要点，总结成为落脚点。

课程结构

问题三：大部分课程存在着知识庞杂、专业宽泛，缺乏严谨的结构逻辑，主要体现在对象不明、时长不清、互动缺乏。

建议：开发课程要注意知识导入、方法讲清、教法明确、设计互动、考评有据五点结构。知识上从概念入手，方法上突出记忆重点，评估上强调考核操作。确认课程的受训对象，进而明确课程知识点，因为课程的**知识点应用**决定了课程的结构，对知识和结构的阐述决定了语言表达的逻辑性。每一步都考虑到学员的专业基础，存在的问题及是否能够解决学员的问题。掌握学员需要什么，把握学员行为参与，是开发设计的关键。

问题四：大部分课程虽然限定了时间，但由于素材的庞杂，实际上对课程的授课时间无法准确估量，又因为缺乏互动和标准化的考核设计，无法实现整体课程结构的节奏感。

建议：在明确了授课对象，梳理课程结构的同时，确认课程的要点，设计结构中每个要点需要讲授及互动的时间长度，强调标准化的设计方案，达到控制整体节奏的目的。如果有条件对开发整个课程的时间进行单元细化，每个单元所需的时间根据内容提前设计，自行录制实际培训的小样，再根据录像演练的实际情况进行时间调整。

问题五：大部分课程设计问题是看不到互动的训练点，因此整体课程最终为学员带来的行为改变点不明。

建议：明确课程的目的，在学员需要掌握的课程核心技能部分通过现场模拟、实际操练、老师点评修正或案例研讨，来强化学员对课程中该技能的熟悉与掌握。

问题六：针对技术专业类课程，存在如何将专业术语用形象的表达方式进行课程讲授的问题。

建议：把刻板的术语变成应用性描述语言，用简练的语言侧重学员需要掌握和实际应用的部分，忽略不需要知道的原理构成等冗长呆板的说明，令学员更容易理解和接受。

在专业课程中，要从最小的概念入手（不要认为所有人都知道），通过概念确认让大家有一个共同的出发点，然后，用图示展示整体结构，用文字区分内在的逻辑，从而明确通过课程你想让学员记住什么和做到什么，需要他记住和做到的是否与工作实际相关，用什么来评估。

2. 实际的开发过程和要点要求可以通过后面的表格来认清

其实，所有开发后的课程，在梳理好逻辑结构后，掌握五个关键技术点，灵活使用多种教法和工具，这些都是纸上谈兵的知识性交流，要把这些变成有血有肉的活色生香的培训活动，还要仰仗培训师现场驾驭语言的能力。不论您的语言风格如何，在课程设计当中，既要让学员动脑，又要动心动情，还要动手。动脑是我们设计问题的切入点，动心是我们语言表达的功力，那么动手就是你从哪里训练他，这是整个课程设计的核心。

我们建议采用“概念、方法、行为”培训课程的三段论来安排训练内容的布局，随时根据对象反应调整现场节奏，抓住受训学员的注意力。讲重点的时候要密不透风，讲感受的时候要疏可跑马，行动练习的点评抓住问题要害。只有在不断的实践与总结中，丰富的经验才可以成为高于个体实践、被对象接受和认可的实战指南。

<table>
<tr><th>评价项目</th><th colspan="2">评价标准</th></tr>
<tr><td rowspan="5">开发成果要件
（20 分）</td><td colspan="2">课程大纲（WORD 文档：课程名称、课程时长、课程对象、文字二级大纲、项目开发组成员、小组组成单位、主讲老师简介）</td></tr>
<tr><td colspan="2">课程手册（WORD 文档，讲师用课件：详细课件，含参考资料和重要素材，时间节点，教法说明）</td></tr>
<tr><td colspan="2">学员手册（PPT 文档采用公司 PPT 模版，发到学员手中的讲义）</td></tr>
<tr><td colspan="2">试题案例（课件附件：录音、录像、照片文件，用以展现标准或呈现常规问题；标准文学答案，可用于该课程知识点的当堂或后续考核）</td></tr>
<tr><td colspan="2">课程讲义（PPT 文档采用公司 PPT 模版，在讲授现场展示的课件）</td></tr>
<tr><td rowspan="5">课程结构要素
（40 分）</td><td colspan="2">对象性，课程的选材是否满足特定学员需求</td></tr>
<tr><td colspan="2">目的性，课程的代表性和标准化是否可以复制</td></tr>
<tr><td colspan="2">知识点，学员需要掌握的知识点是否清晰</td></tr>
<tr><td colspan="2">训练点，是否与学员工作需要的技能挂钩</td></tr>
<tr><td colspan="2">考评点，是否有标准化考核对培训后效果进行评估</td></tr>
<tr><td rowspan="5">讲师授课表现
（40 分）</td><td rowspan="5">礼仪风范
（10 分）</td><td>着装职业</td></tr>
<tr><td>眼神坚定</td></tr>
<tr><td>肢体语言大方</td></tr>
<tr><td>发音标准</td></tr>
<tr><td>语速适中</td></tr>
</table>

续表

<table>
<tr><th>评价项目</th><th colspan="2">评价标准</th></tr>
<tr><td rowspan="10">讲师授课表现
（40分）</td><td rowspan="5">授课技巧
（15分）</td><td>概念是否清晰</td></tr>
<tr><td>结构是否严整</td></tr>
<tr><td>案例使用是否得当</td></tr>
<tr><td>时间掌控是否得当</td></tr>
<tr><td>课件制作是否生动</td></tr>
<tr><td rowspan="5">学员互动
（15分）</td><td>是否有提问</td></tr>
<tr><td>是否有学员作业</td></tr>
<tr><td>是否有标准案例</td></tr>
<tr><td>是否有知识要点设计</td></tr>
<tr><td>是否有收获评估</td></tr>
<tr><td>总分</td><td colspan="2"></td></tr>
<tr><td>综合评价</td><td colspan="2"></td></tr>
</table>

第十一章

培训的管理观念与现场调度

培训组织者有时与培训师合二为一，有时又属于不同的角色，但这并不妨碍我们互相理解双方的工作特点和差异。作为培训管理者和组织者（有时，培训师的编导角色也从事着培训现场的调度管理工作），对于企业培训的组织过程及资源调配项目安排的特殊要求应该一目了然，烂熟于心，才可能在实际工作中有条不紊，事半功倍地做好培训管理工作而不是负责花出培训费用，却没有收获培训相应的反馈和效果。

一、培训管理者在培训组织中的关注要点

在职业培训师生涯里，我经常被问到：如何做企业的培训规划？如何培养自己的内部培训师？公司特别重视培训，所有中层干部都要完成规定的员工培训，结果，干部和员工都要在下班后加班培训，听的和讲的都昏昏欲睡，非常疲劳，效果也不好，该怎么办？如何做中高层培训？怎样让中高层重视或参加培训，或者如何让别人听我的等。

以企业培训为主来阐述关于培训的系统知识与方法，在培训已经在各个类型的组织中大行其道的今天，对于人力资源管理者和企业管理者应该也是一种普及。因为大部分的民营企业对于人力资本的关注并不逊于外企和股份制公司。可是受制于发展的和认识上的局限，对于培训的理解五花八门，对于培训的组织管理及经费的使用效率水平有限。

所以，在人力成本越来越高的今天，以实现企业战略为核心的培训，要解决的是围绕目标实现所做的人力资源上的投入能否换来最大的效益。在人力资源上的差异化和领先优势，除

了薪酬绩效系统和激励制度外，培训系统的完善和有效，在信息化的今天，将越来越重要。培训管理者在理念与方法上都要求突破按部就班的管理局限，采取高瞻远瞩的动态管理思路，才能令人力资本跟得上公司发展。岗位细分与能力评估将成为精细管理的前提。

由于对象和目的的区别，人力资源可以根据层级原理把培训分为四类：

以高层为主的战略经营类培训：目的是提高高层的决策力和分析能力。

全员或新员工为主的企业文化与制度培训：目的是令员工树立职业目标，遵从职业操守和公司制度，很好地理解掌握岗位应知应会，提高执行力。

以中层干部为主的管理技能和沟通方法培训：通过专业的管理工具和管理沟通计划管理、绩效面谈、团队协作的训练，使他们提高沟通力，胜任上传下达、以身作则的管理工作。

各关键岗位的专业操作技能培训：每个技术岗位所需要的提高效率的专业训练，从而体现技术就是生产力。大部分企业都会做技术培训，而忽略综合素质和职业道德训练，结果，人员留不住，也是经常发生的现象。

实际上，无论是哪一种培训，企业培训的管理者都要完成一个系列的准备。

1. 明确目的阶段

对于领导者的要求、执行者的操作及培训者的执行之间，一定要达成目的性的共识。避免为培训而培训，更要避免没有搞清具体问题就按照领导意愿做“培训”。培训中，兼顾个人学习与成长和企业改善绩效的目的，关注对象的态度和行为的改变改善才是关键。培训不能成为一种无目的的投资。所以为什么做培训？这要在培训管理架构完善及分工明确的基础上，或操作者十分明确培训的目的的条件下，才可能有正确答案。

2. 确立目标阶段

关于把目的和目标混为一谈的人十分常见。培训不是目的，培训管理者需要达成的是，什么岗位要完成什么类型的培训才能完成公司对于人力资本的战略投资，使人才不断档，并不断满足公司发展的要求。这里，大企业的目标一般是自建商学院或联合办学，其余也多各展其才，培训中心、培训外包、内训系统纷纷登场。对于培训的具体组织者和实施者来讲，目标是培训师和培训组织者能否清楚受训对象的问题并通过培训加以解决，并能够通过测评量化培训效果。

这涉及：受训对象是否敬业和称职？员工岗位是否能够独立操作？管理者是否掌握了激励团队的方法？所有受训者是

否有意愿参与训练并掌握改善自己的行为习惯的方法？等等。

没有明确的岗位要求带来的关于培训目的的思考，培训目标就会失之空泛。企业需要确立完善的组织评估体系，才能做到对于各岗位人员能力与素质的准确评估，从而确立明确的培训目标。实际上，大部分中小企业在培训各层级人员的能力素质时，常见的误区是：高层花钱做素质测评，只是为了老板用人方便，却没有时间和计划对于高层做针对性的能力提升培训；中层工作量巨大，人数多，业务能力强，却没什么机会通过专业的素质测评和系列的技能提升培训，为自己打开向上提升的通道。

3. 诊断调研阶段

实施任何一场培训，为了实现目的与目标，都需要确立阶段性的对象目标，根据企业对于人力资本的使用权重，安排强化技能或认识的专门岗位训练。如果人力资源系统对于不同层级和职别的岗位，有系统的标准要求与考核，那么培训的调研及安排计划将会有条不紊。

除了刚才讲的使用“人员能力素质测评”为特定人员作出的科学分析，个性需求了解的问卷法、领导安排的指令法、参与指定课时课程的达标法、受训对象的电话访谈法，都会出现在企业对于培训的安排上。调研是了解需求的必要动作，而瞄准需求是培训设计的核心。

4. 问题分析阶段

对于企业和决策部门来说，可以根据调研分析决定做什么岗位的何种培训；对于培训师来说，则是深入了解对象需求和企业要求决定如何设计一场有效的培训；对于培训组织者则需要对培训实施的操作进行检查。

5. 培训实施阶段

企业自己独立完成培训、委托专业机构做项目培训或岗位技能培训、用学历教育代替培训，成为企业实施培训的几种选择。由于对培训的理解不同，或用手段代替目的的认知误区广泛存在，大部分企业都是随着组织的高速发展和独特的战略布局与业务特性，同时进行业务扩张、人力资源配置的调整和培训系统的建设。企业商学院和企业内部培训师体系建设，对于发展到一定规模的企业是常态，独立的培训实施能力成为有效的竞争力。至于有些企业把认证教育和学历教育当成培训，或把会议型宣贯当成培训也十分常见，这就暴露出了对于培训的不完全理解等问题。

6. 效果评估阶段

公司领导部门对于人力资源部门的工作评估，人力资源管理部门对于培训计划的安排与执行的检查，培训管理者对于培训组织与采购的落实，培训管理人员和培训师对于学员培训效果的考核，构成了立体的效果评估工作。这些可以归结为公司的年度系统评估、部门绩效评估、岗位的项目评估、相关岗位的个人能力评估，包括完成人数及课时的数字评估在内。但这仅仅是培训的理论化理解。

二、培训组织者在培训管理中的关注要点

1. 谁应该培训

总经理、高管、中层干部、技术干部、后备干部、总部人员、基层员工，究竟哪些岗位、哪些层级，需要什么知识和技能的培训，能够解决他们实际工作中的问题，从而创造更好的绩效表现？

2. 学习方法

在线、外派、委培、公开课、内训、研讨会、脱产、竞赛，究竟何种方法实际提升能力见效快，效益好？如果内训，是否有针对性的练习和讨论，令学员主动参与学习？是否创造机会进行行为演练并得到反馈和肯定？如果外训或委培，是否

有安排学员回来分享和讲授的要求，以复制他的学习成果或促进同等级别对象的吸收？

3. 课程组成

学员学习教材包括课件、讲义、光碟、标准问题与答案、影片案例与实物准备。其中：

（1）学员手册：包含课程知识的大纲、课程的知识点。要尽量在课件关键点中留空白点，以强化学员记忆。越简单的学员手册，对于学员的吸引力越大。越详尽吸引力越低，如果详尽到不参加培训也能了解全部内容，那就直接发书阅读好了。

（2）讲师讲义：讲师手册，提供课程的授课内容及游戏指南，对于学员可能感到棘手的问题予以提示。

4. 培训设备

场地与培训设备紧密相关。尽量避免在办公室内培训。根据心理学原理，人们对于熟悉的环境和人会自动忽略，很难兴奋，难以产生注意力的前提就已经让培训失败了一半。所以，有时看似省钱的办公室培训，效果不佳就源于此。培训尽量选择在陌生场合进行，如果在公司办公室内进行，就请费心重新布置以创造新奇感提高兴奋度。

★ 教室规模要与听课人数相符，桌子之间应留有一定空间，以供角色扮演和其他活动之用。

★ 桌子要大到使每个学员都可摊开他的讲义。

★ 椅子要舒适，要尽可能有扶手。

★ 房间要通风。

★ 要有足够的电源插头，并且有电。

★ 尽量减少令学员分心的事。

★ 检查麦克风和音响、投影仪是否正常。

★ 板书和书写用笔是否准备妥当。

★ 讨论或活动用品是否充足。

★ 如果培训后有评估，评估人员或评估文件是否已经安排妥当。

5. 讲师的作用

讲师最主要的作用是促进学员的学习与训练。可以通过几种方法做到这一点。在课程之前，通过事先的准备，包括教材、教学程序及培训设备的准备，使教学条件达到最好。在授课过程中，你应该做到以下几点：

★ 保证学员理解基本的概念。

★ 使课程的进度与学员的准备度相适应。

★ 控制讨论的内容与训练的时间。

★ 回答问题并且提供准确的知识信息。

三、培训师的现场组织

1. 调动学员的积极性

★ 运用自尊和自信的杠杆。对学员的行为经常进行鼓励，也可以通过设立比赛、插小红旗鼓励优胜者、展示优秀作品等方法，来调动学员的积极性。

★ 培训师要注意引导讨论。

★ 可以通过提问的方式，促进交流。

★ 巡回点名点评。

★ 发现比较活跃的学员，起示范作用。

2. 讲师的课前准备工作

★ 检查硬件设备。

★ 检查软件设备。

★ 准备学员调查表。

★ 抽出一定时间与学员私下交流。

★ 准备其他事项，如鼓励参与的小礼品、游戏演示用品等。

3. 培训师的课堂关注

★ 与学员交流时，要表示出目光的关注，不能漫不经心，否则会影响培训师与学员之间的信任。关注有目光和身体关注，切忌不要眼睛看着别处和学员握手，那会令对方很不舒服。

★ 眼神应保持与学员接触，不能有斜视、翻眼（向上翻眼、盯着天花板或后面的某处）、眯眼等动作。

★ 与学员的身体关注需要自然，不要过于突兀。

4. 讲师授课过程中的细节注意

★ 在提问时，一般都配合有手势，要注意不能用食指去指点、用笔或教具指点，也不能向被点名者努嘴。请平伸手掌，用邀约的手势邀请。

★ 在回收调查表时，不要当着学员的面就看调查表，这是不尊重学员隐私的表现，应该翻过来收集问卷。

★ 讲师不应有不良的小动作。比如：有些讲师在上课时有捋衣袖的习惯（像是要打架的样子），特别是教室温度较高时，容易有这样的动作。还有用手擦嘴等不好的习惯。

★ 不能用教具（如教鞭、板擦）敲打黑板，尽管是为了提醒开小差的学员。正确的方法是换一种更有吸引力的互动方式试着让他们参与或兴奋，比如沉默或直视等。

★ 不能对有些提问置之不理。应对任何一个学员的提问、反问等有所反应和回馈；对于棘手问题或非本次训练涉及的问题可礼貌回答："这个问题我们可以课后单独交流。"当然课后一定要记得！

★ 不要随意打断对方。注意倾听，不能抢答，让对方说完，这是礼貌，也只有这样才能了解对方全部的信息。

★ 当有些操作需要等待较长时间时，要有所表示："对不起，请大家稍等一下。"或安排大家做一些其他活动。

不论是培训管理者的管理思路，还是培训组织者的现场流程，都是以对象为中心的达成培训效果的管理过程。这其中最为重要的是对于以人为中心的培训工作充满热情，避免惯性做事。自己身为培训管理者并不了解培训的意义和效果，只是按部就班花预算，则培训在开始就会走形式；把培训当成人生进步和不断学习的机会，这个工作就会成就人，鼓舞人，也令我们在帮助别人时帮助自己。作为培训组织者，最好精通现场与课程互动的关系，了解不同培训师不同课程的特点，在其中锻炼自己超卓的组织能力，任何工作都没有小与大之分，只要全力投入，任何工作都能锻炼人的能力。

没有专业的培训管理与组织，任何培训师的工作都不可能发挥最大的影响力和最佳效果。任何受训人员也不可能在消极的培训组织中焕发最大的学习热情。任何与人打交道的工作都需要付出专业能力和积极的态度，没有热情和专业，任何人无法变得重要。

在培训中，似乎更能令人发现组织或团队的作用。那就是社会存在的真相：学员和培训师，培训组织者和管理者，我们是相互依存的整体存在，我们因为自己的行为和态度互相投射，没有人可以脱离团队和组织而自行成活。

那就让我们积极地投入到自己的角色中去，不论做什么，把培训当成人生成长的机会，愿您在这部书中学习到的方法，能够对您的工作有所帮助。

附录一

开发与设计练习答案

1. 缺乏培训对象的确定。没有对象的培训，极易产生看上去有面面俱到的系统性，实际操作则难以聚焦到五个关联点。

2. 时间安排上，下午一点就开始培训，午餐后的消化过程还在进行，学员很可能会昏昏欲睡，影响效果。

3. 企业文化与创新策略的内容研讨与客户服务的基本要领存在内容上的角色冲突，难以在一天的时间内完全展开。在此基础上，训练点的模糊也就在所难免了。

请试着根据新员工、老客服经理、客服主管三个角色，重新对于内容进行安排设计和取舍，看看会产生什么样的效果？

附录二

例一《培训效果评估表》

亲爱的学员：

在我们共同度过紧张的培训时光后，请您留下宝贵的建议。对您是一次回顾和判断，对我们是一次改进和提升，因为我们高度关注您的评价，那将成为我们改进培训的基础。谢谢！

姓名：＿＿＿＿＿＿＿　地区：＿＿＿＿＿＿＿＿＿＿＿

电话：＿＿＿＿＿＿＿　邮箱：＿＿＿＿＿＿＿＿＿＿＿

Q01：您对此次培训助教的表现

A. 非常满意　B. 满意　C. 一般　D. 不满意

Q02：您对此次培训的时间安排

A. 非常满意　B. 满意　C. 一般　D. 不满意

Q03：您对自己在培训中的投入程度

A. 非常满意　B. 满意　C. 一般　D. 不满意

Q04：请您对此次培训的培训师做一个客观的评价（10分制，请打分！）：

导师表现	（导师姓名）
	10　9　8　7　6　5　4　3　2　1
课程结构合理性	

续表

导师表现	（导师姓名）
	10 9 8 7 6 5 4 3 2 1
课程内容实用性	
礼仪风范规范性	
授课技巧针对性	

Q05：如果再次参加培训，您希望参加的课程：

课程名称	请√选择		课程名称	请√选择

Q06：您对此次培训的总体评价：

A. 非常满意　B. 满意　C. 一般　D. 不满意

Q07：请告诉我们您参加本次课程的学习感想：

例二：

<table>
<tr><td colspan="6">培训结果调查表——反映层
说明：此表是为了评估员工培训工作的效果，进而为我们培训工作的持续改善提供参照，请完整而诚实地回答，并在相应的数字上划圈。
评分标准：5= 非常同意，4= 同意，3= 中立，2= 不同意，1= 非常不同意</td></tr>
<tr><td>项目名称</td><td colspan="2"></td><td colspan="2">培训日期</td><td></td></tr>
<tr><td>举办单位</td><td colspan="2"></td><td colspan="2">培训地点</td><td></td></tr>
<tr><td>课程目标</td><td colspan="5"></td></tr>
<tr><td>这个课程目标与我工作的相关</td><td>5</td><td>4</td><td>3</td><td>2</td><td>1</td></tr>
<tr><td>课程内容达到我的期望程度</td><td>5</td><td>4</td><td>3</td><td>2</td><td>1</td></tr>
<tr><td>课程设计与安排</td><td colspan="5"></td></tr>
<tr><td>课程内容组织符合逻辑，易于学习</td><td>5</td><td>4</td><td>3</td><td>2</td><td>1</td></tr>
<tr><td>课程的程序安排妥当</td><td>5</td><td>4</td><td>3</td><td>2</td><td>1</td></tr>
<tr><td>课程难易适中</td><td>5</td><td>4</td><td>3</td><td>2</td><td>1</td></tr>
<tr><td>课程讲授的时间安排</td><td>5</td><td>4</td><td>3</td><td>2</td><td>1</td></tr>
<tr><td>所学知识能在工作中应用</td><td>5</td><td>4</td><td>3</td><td>2</td><td>1</td></tr>
<tr><td>培训讲师</td><td colspan="5"></td></tr>
<tr><td>课前的准备</td><td>5</td><td>4</td><td>3</td><td>2</td><td>1</td></tr>
</table>

续表

专业水平	5	4	3	2	1
讲课亲切度	5	4	3	2	1
课程内容表达	5	4	3	2	1
课程中使用技巧、案例分析的有效	5	4	3	2	1
有机会让学员参加	5	4	3	2	1
学员参与度					
本人很认真地参与了	5	4	3	2	1
其他学员积极参与了	5	4	3	2	1
您对这次培训的整体评价	5	4	3	2	1
您觉得此次培训最有价值的三点是什么?					
您觉得此次培训最不喜欢的三点是什么?					
您建议我们以后的同类培训做哪些调整					

例三

课程（培训班）名称：	培训讲师：
培训日期：　　年　月　日	培训主办部门 / 地点：

各位培训学员：

这是一张不记名填写的评估表，目的是为了帮助我们提高培训质量；请您保持它的客观和真实性，您的意见和建议将是我们工作改善的重要参考依据！谢谢您的支持！（评分标准：5= 很满意，4= 满意，3= 一般，2= 较差，1= 很差。）

1. 课程满意度调查（请用“√”标出您对每条评估项目的满意度）						
评估项目		5	4	3	2	1
课程内容	课程的实用价值					
	课程的深浅程度					
	课程安排的进度					
	课程信息量提供的程度					

续表

1. 课程满意度调查（请用"√"标出您对每条评估项目的满意度）						
评估项目		5	4	3	2	1
课程讲师	讲师的准备工作					
	讲师的语言表达清楚准确程度					
	讲师的条理性					
	讲师针对性的讲解及回答问题					
	时间的掌握控制程度					
	案例分析能力					
效用	获得适用的知识与处理问题的能力					
	课程对您的启发					
	达到个人需求目标的接近程度					
整体上，您对这次课程满意程度是： A. 很满意　B. 满意　C. 一般　D. 较差　E. 很差						
您给予这次培训的总体评分是（以 100 分计）：						
2. 通过本课程的学习，您认为对工作最有帮助和将来工作应改进的内容？						
3. 您认为课程设置或讲师应改进的地方？						
4. 请您提出其他培训建议或希望的培训课程？						
说明：填写完成后请及时交予人力资源部						

附录三

调研问卷举例

<table>
<tr><td>

管理人员培训需求调研问卷

温馨提示您

为了对××××公司更深入的了解，使培训更加贴近公司管理层的要求，使课程更具有针对性、实效性，请您在下面的问卷中告诉我们您的想法，以便我们统计和分析，进一步调整课程的详细内容。在此我们衷心希望能够得到您的支持和配合。

您可以按照我们的问题直接选择或填写；也可以按提纲根据公司实际情况另行回答填写。在填写时，如果我们留下的空格不够，您可以另附纸张。如果您有不明白的地方，可以与我们联系：

联系人：　　　　　　值班电话：

传　真：　　　　　　邮　　箱：

××××有限公司

谢谢合作！

</td></tr>
</table>

内部信息收集问卷

个人基本情况：

姓名：__________性别：__________年龄：__________

职位：__________任现职位时间：__________________

（注：书面填写请使用黑色水笔，EMAIL 时请将填写内容设置为红色，题目可做多项选择。谢谢！）

1. 您的受教育程度：

A. 大专　B. 本科　C.MBA

D. 硕士　E. 博士　F. 其他_______

2. 公司中，您处于：

A. 决策层　　B. 管理人员

C. 销售人员　D. 技术人员　E. 其他_______

3. 您如何看待公司的前景？

A. 充满信心　B. 一般　C. 没信心　D. 没考虑过

4. 您在管理中遇到过哪些困难？

A. 政策多变，导致效率不高　　B. 团队内部不够协调

C. 公司分配体制不合理　　D. 自身能力得不到发挥

E. 自身能力不足　　F. 其他_____________

5. 您在遇到困难时是如何考虑的？

A. 报告上司，等待指示　　B 自己想办法解决

C. 和同事商定一个方案报给公司　　D. 咨询有关部门

E. 团队内部讨论并自拟方案　　F. 放弃

6. 您认为公司对您的工作给予了合理的支持吗？

A. 超越了期望值　B. 符合期望值　C. 与期望值差得很远

7. 您认为公司在哪个环节管理比较高效？

A. 公司整体流程顺畅　　B. 决策层有凝聚力

C. 执行层与部门之间有凝聚力　　D. 项目团队专业性强

E. 其他______

8. 您是怎样向公司提出建议性意见和方案的？

A. 经常口头提出　　B. 经常书面提出完整的方案

C. 抱怨但不形成方案　　D. 从未提出

9. 您认为公司开展过的培训对管理效果的影响？

A. 很明显　B. 明显　C. 较明显　D. 一般

10. 您感到缺乏下面哪个方面的管理技巧？

A. 目标与方向感　B. 沟通技巧　C. 人际关系

D. 团队意识　E. 管理理论　F. 时间管理

G. 执行力　H. 教练能力　I. 其他______

11. 您认为通过何种努力可以获得领导能力或工作能力？

A. 努力工作　B. 勇于创新　C. 精通专业

D. 闭门学习　E. 优质培训　F. 任命　G. 其他______

12. 您认为您当前的工作压力来源于：

A. 行业竞争激烈　B. 决策能力欠缺　C. 人际关系紧张

D. 管理技巧不足　E. 中层不得力　F. 与上级无法沟通

G. 与下属无法协调　H. 其他______

13. 您希望公司进行何种培训？

A. 人际关系　　B. 管理技巧　　C. 专业技术

D. 晋职证书　　E. 团队建设　　F. 中层管理素质

G. 企业内部培训师培训　　H. 其他_____

14. 您希望通过培训获得：

A. 较多的工资　　B. 较高的工作技能

C. 较大的工作满足感　　D. 提高社会适应性

E. 较强的自信　　F. 晋升机会

G. 其他______

15. 您参加此次培训的目的是：

A. 战略调整　　B. 思路拓展　　C. 业务拓展

D. 领导能力提升　　E. 管理技巧提升　　F. 促进个人观念更新

G. 理论充电　　H. 了解公司远景　　I. 选人用人

J. 领导安排　　K. 其他_____

16. 公司曾组织过什么样的培训？

A. 领导力　　B. 执行力　　C. 沟通技巧

D. 管理技巧　　E. 市场营销　　F. 客户服务

G. 专业技术　　H. 其他_____　　I. 从未有

17. 适用于中层管理者管理能力提升的有如下系列课程，请选出您感兴趣的培训课程：

A. 职业生涯规划　　B. 工作中的有效沟通

C. 主管责任与作为　　D. 领导策略与问题解决

E. 员工绩效管理　　F. 目标与工作计划

G. 市场营销实务　　H. 目标市场与产品宣传

I. 管理人员的专业素养　　J. 业务员管理与大客户管理

K. 职业技能提升　　L. 品牌营销策划

M. 产品化销售　　N. 渠道与终端门店管理

O. 其他__________

18. **请选出您认为合适的培训时间：**

A.2 天　B.3 天　C.4 天　D. 其他_______

19. **请选出您认为合适的培训形式：**

A. 内训　B. 讲授　C. 研讨　D. 封闭式　E. 半封闭式

20. **您计划未来企业内部的培训，最想达到的目的是：**

A. 掌握专业管理技能　　B. 有责任心和忠诚

C. 团队合作与管理能力提升　　D. 提升门店业绩与企业绩效

E. 改善服务意识和态度　　F. 提高专业技巧

G. 增强沟通能力　　H. 其他_______

21. **目前，您最需要解决的问题是什么？**

____

____

____

____

后记

为什么培训更值钱?

从十年的文艺理论教学，到十年职业经理人的职场实践，到后十年的职业培训师经历，为我总结职业培训师在企业内训中应该如何操作提供了从感性到理性的经验基础。写作此书，一是对于自己多年的教育工作和职业经验做一个总结，二是希望能够帮助有需要的从事培训的职业者少走弯路。

我的大学同事们经常对我说：凭什么你讲课就比我们值钱呢？虽然是开玩笑，但这其中确实蕴含了某种关乎对象交流与目的性的重要差别。

明白这种差别，对于从事教育与培训的个人或需要培训的组织与个人都是很有必要的。我把培训与教育的区别放在这里和读者进行交流，希望能够帮助读者更好地理解培训。

纵观培训和教育的差别，能够帮助大家更为深入地理解培训。**培训和教育有哪些区别？**培训师和教师又有哪些教法和目的上的差异？这对于我们掌握培训技能将有很大的帮助，避免了把讲课或演讲当作培训的误区。在讲解培训师的职业技能之前，我想先和读者分享一下培训和教育的六种区别，作为此书的补充，便于大家更直接地理解培训师的职业技能。

目的：教育是为了培养个体的基本素质，培训是为了让组织提升绩效。

一般读过中学、大学、研究生甚至博士，受过系统教育的人，都会对教育有亲身体会。我们理解的教育的社会目的是“培养德智体美全面发展的人才”，而个人的受教育目的是“生活得更幸福更快乐”。当然现在的教育已经离此甚远，基本是以背诵知识为形式，以考上高分名校为主导，以找到好工作为目的，期间受尽百般要求和磨难，尽管不符合个人“受教育使人生活得更幸福”的逻辑，却已形成常态。尽管如此，从中依然可以看出整个教育体系的目的，是为了培养人建设美好社会拥有良好道德风范的基本素质。

我职业生涯的第一个十年，曾经在中文系教文艺理论课程。它培养一个基本的素质，就是通过一个非常结构化的理论系统，去教会学生了解你所面临的文学艺术的现象世界，并在对现象世界的分析中与理论相对照。文艺理论中的典型和风格论，作家与作品的分析，文学现象和流派，帮助我弄通了理论与现象的互为论证的方法论。这种职业思考训练对我后来做企业市场营销管理策划产生了异曲同工、触类旁通的渗透加强效应。它成了一种透过全局看细节、通过细节看特点的综合分析能力。在不断地使用中，主动性的意识与总结令此种能力成为一种能量。

了解什么要素能创造出最具个性及吸引力的案例，什么样的广告表达能创造出独特的被人铭记的风格，特定的对象和典型的意义在市场的细分和精准营销中是个核心问题。

所以最终你积累的所有经验，你学习的所有知识，都能厚积薄发为一个点，帮助我们通过实践建立自己关于理论与实践的系统知识结构。

各种组织都有它特定的功能，企业不是传统学校，他们需要能独立担当工作的成员，要求在最短时间内完成任务。我们面临的挑战是：短时间能不能找到一个点，一个关键点，让我们把积累的能量变成一个结果呢？这是教育所达不到的，教育只能帮个体积累构成素质的知识量。在互联网如此发达的今天，再去照搬老套的教育模式基本是误人子弟了。关注教法和通过训练使学员或学生拥有自己解决问题的能力将是未来最为重要的教育使命。

这种关于“称职”的要求——要求在有限时间内使对象行为大幅改观达到要求。它只能发生在行动和经历中。

从这个意义上说，没有经历无所谓经验，没有经验无所谓判断，没有判断就无从行动，没有行动就没有结果。所以，经验就是人生的财富也是人生本身。这一切都需要一颗专注的心和一个明晰的大脑，与灵活健康的身体互为配合才能达成经验的变现。

培训师在培训中，通过创造学员行为改变的契机，获得学员认知及行为改变的成果，才能符合对象和客户对于培训的预期。

培训的时间有限制，这就要求在有限时间内达成学员认知的改变，行为的改变。培训单位则完全以绩效提升为目的，以行为改善为手段，以问卷测评为衡量标准来检测培训实施的效果。

教育对学生行为的顺其自然的引导和培训中组织对学员行为要求的明显变化是他们目的上的差别。

内容：教育重读书，考试决定水平；培训重训练，实践决定效果。

我们说起大学教育、研究生教育和各个学科的学习，联想到的都是一本又一本的书，还有一场又一场的考试，即使你不愿意也得考试，考得你焦头烂额；考前疯狂背诵，考完一了百了。企业培训绝不能以考试为目的。在培训现场，不需要制造表面的服从机器，而是需要激发学员内在的学习动力。这使培训的课程设置脱离书本化和概念化的“务虚”怪圈，直接跟企业的岗位需求挂钩。

岗位需求又分为新老员工的差别，比如：

新员工需要学习《职业素养入门》，

老员工就需要《技能提升》的专门训练。

基层管理人员如果做了《人际关系与沟通》培训，

中层管理人员就一定要掌握《绩效面谈》的技巧。

如果想让员工清晰地了解新产品的特点功效，你让他背，那就是傻瓜，为什么？背下来只是为了应付考试的一种途径，而不能真正达到自如掌握的目的。

所以，我们就要设计角色训练的环节，做销售与介绍话术的标准设计，让他对着客户直接介绍或销售产品，讲清楚功效、讲明白原理、讲生动好处，一遍、十遍，熟练了就能用，到了岗位上就好用；百遍、千遍之后，他就是专家了。这与教育上考完结束完全不一样。

因为教育针对的是对象知识的普及化，有阅读有考试即可让对象掌握常规性的知识；培训要求内容必须满足对象岗位化的需求，需要对具体岗位的个人有行为指导的作用，而且快速有效。具体要求的标准化在此表现十分明显。

方法：教育是以老师讲授同学理解为主，培训是教练主持训练学员参与为主。

我们受了很长时间的教育，但是到了社会上，一开始工作，我们不知道教育给了我们什么。我们背诵了那么多的知识，填写了那么多考试问卷，却要重新开始学习进入社会，接受社会和职业教育。很多年后回首，才知道教育给我们带来了认知方式的改变。你对社会的认识角度开始不同，知识所带来的文明是打开人眼界和心灵的钥匙，教育也带来了社会人际关系的基础，在未来你的所有同学将会变成你进入社会的关系网。然后你发现人的生存在社会上是有层级的，而人的生命质量也是非常不同的。这既关乎物质，也关乎精神，更关乎心灵。

受教育在社会上意味着进步。没有受过教育的人，想要在头脑上顿悟，在身体上觉悟，那是很难的。而受教育是帮助我们把前人的知识当作我们生活的养料，知识越多，感知越强，认知越明晰，我们活得就越灵敏，越懂得爱和感恩。而不是越痛苦，越麻木，我希望知识能带来这个。

但有些时候，它也带来一个副作用，知识越多，欲望越强，自我越大，最后人的幸福感将很低。

而培训不同，培训在我们的人生中，起到一个重要的作用，就是通过关键的针对性的行为训练方法快速改变我们的认知、思想和行为。

大学老师很享受他讲课的乐趣。在我做大学生的时代，讲《红楼梦》的高老师，不看讲义，举例子，对原著倒背如流。每个人听他讲课，都是全神贯注，一节课下来一个烟灰缸全满，那个时候我们也不讲环保，大家都跟着吃烟。老师通过对学问的研究，能讲出意境，讲到精通和忘我。一个老师要讲到这个境界，是要超越那个知识体系，超越作品本身的，非常少见，也非常难，但那是一个目标。教育上，我们可以看出，主要是老师以讲为主，很少互动。学生对老师只有崇拜或不接受的权力，很少有参与和表现自己的机会。

培训上，学生也可以崇拜老师，特别是老师比他们还要精通他们的专业的时候。培训师必须教会学员对于实际工作有用的方法且效果突出才可以被认可，能够指导实际的方法训练是培训师的看家本领。

对象：教育的对象是获取学历证明的学习者，培训的对象是提高职业技能的职业者。

受基本教育完成学业获得证书的求学者是教育的对象。

在学校学习的学生只需要应付考试就可以完成学业，他自己付费完成学业考取证书，然后走上社会开始工作。当然，最初的缺乏职场经验使他们在求职时很艰难。所以，自我进步成为了学习的推动力，但有些学生或家长错误地理解了证书的敲门砖作用，把许多大好时光都用来考取各种证书，其实，考试的能力不过是一种对于知识的记忆能力，与其考多种证书倒不如让学生去学习人际沟通等综合课程，这对于他们将来进入社会更有价值。培训对象可要宽泛得多，人们在人生的各个阶段都可以选择各种主题的相关培训以提高自己的见识或技能。

在职场上的受训者被公司要求更称职，被动接受培训。学以致用的培训对公司来说最为重要，培训的推动力来源于组织或公司的要求。这就要求培训师要精通你所接触的行业或岗位，能对学员面临的场景和问题做出准确的评估，才能抓住问题的实质，解决别人的疑惑，具体帮助到受训对象。

对于有志于培训这个职业的人来说，把你所有的才能和知识在实践中运用好，把你能接触到的所有工作尽力做好，亲自体验、总结。当你有机会教练各岗位各角色的人员时，你清楚地知道他最困难的点在哪里。如果你不知道他最困难的点在哪里，那又怎样去训练和引导他呢？你不能解决他工作当中遇到的实际问题，他们怎么可能认可呢？这就是我们作为培训师必须要学习、必须自我成长，然后才能做教练的原因。从这点上来看，经历大于学历。培训师和教师的最大区别是前者能因“才”（人才）施教，后者大多因“材”（教材）施教。

时间：教育在人的一生中是阶段性的专业教育经历，培训是在工作中进行的短期而目的明确的训练，是可持续一生的再学习过程。

从人一生的时间来看，教育是分阶段性的，较为漫长，我们上了6年的小学，3年的初中，3年的高中，4年的大学，这是一段很长的时间。但任何培训都不可能超过一年，超过一个月的岗位培训都很少，除了新人，或有特殊要求的技术岗位的技能训练，绝大部分岗位的素质或技能培训都是三五天。只有急功近利不了解培训目的的企业才会花三个小时或半天，请个老师给员工做普及知识性的讲座。对象吸收了知识，但很难改变行为。也有特例，就是高层的座谈会可以这样开。因为决策者的吸收信息和观念的能力强，提供信息供他们做判断是受欢迎的，但对于改变他们的认知习惯是无济于事的。其实越是高层越需要培训，因为身居高位，无人能够指出他们的不足，权力的威严助长了自我的幻觉，最难进步的是企业或组织的高层。

这种短期培训越多，成本越高，损失越重。我在某集团公司看到一个例子，他们所有的培训都是三个小时，临阵磨枪，抓来就练，练完一批又一批，终端门店的营业员流动率超过38%，最高超过45%，没有一个员工受过系统的培训，永远只能浅尝辄止，永远没有效果。

因为把人当成容器填注观念或方法，强迫接受观念的不平等方式，只能令人逆反，不能令人自动工作。

影响人和改变人需要掌握规律和科学的方法，至少要从尊重的角度，懂得循序渐进和强扭的瓜不甜这样的道理。这就得给予对象一定的时间令培训内容展开，学员接受信息，反馈反应，加强记忆，变成行为。这些都需要时间。

所以，科学的培训安排，大致一两天到三天为宜。五天最佳，能够展开充分的互动和训练。培训是每天都可以接受新的观点和思维，每天我都可以解决一个问题，每天我都可以去学一个东西。也许没有证书，但是我们在进步，我们的人生因此不同，从持续学习上来看，培训和参加培训是人的成长中必不可少的催化剂。这样提供了有经验的人和学习者最佳的互动机缘。所以在单体时间上比较短的培训却可以通过自主参加或有组织的训练成为终生的行为。

所以说培训和教育的差别，一个是通过终身的不断地去学习和进取让自己去适应这个时代，得到个人成长和团队进步；后者则只是通过阶段性的学习，打好人生教育的学历基础。

效果：教育是知识积累、素质培养的缓慢过程，培训是行为训练和改变的裂变反映。

教育的考试分数决定了老师的教学水平，但学生是否全部融会贯通，是否对学生的实际生活与工作能力产生影响，就无法评估了。而培训，大家都知道，它一定要立竿见影的效果。

如果你的培训情理不通，那学员可以拒绝听课，不能离开的就玩手机、聊天或者睡觉；对他没用，他没法可用，就不可能通过培训得到行为改善。也可能很有料、有经验的老师却也得不到高分，效果也不好，那可能是因为太枯燥，学员不能喜闻乐见，也可能教练风格不被学员接受，也有可能学员不认可培训师等，这些都会影响效果吸收。

学员评价的重要性对于培训师比学生对老师的评价更重要。因为一定是最好的培训师，才能被认可，被认可才能生存和进步。认可来源于企业客户和现场学员这双重对象，这对效果的及时性提供了很高的要求。如何达成这个要求就是培训师必须回答的。

培训师要做的就是找出对象的问题点，让学员针对问题去认识和改变。所以它一定是一个裂变，也就是说培训师要有能力令学员接受观念、改变行为。我们常说：心动不如行动。如果你无法让别人心动，别人怎么会行动呢？我们不要求别人行动，别人怎么会行动呢？它是一个逻辑的过程，所以你必须得设计一个参与的过程让他们行动。

每个受训者都能通过参与行动看到自己的不足，从而加以改善，进而能够提升整个组织的绩效。相反，一个不做任何培训的组织，可能因为负面的认知或缺乏正确方法的管理使团队无法振作，无法有动力去创造业绩。培训因为对人的改变效果，成为企业愿意投资并带来巨大回报的投入项目。

企业做了合乎实际的培训后，每个人的精神面貌和行为都改变了，最终他的业绩才会改变，企业才会继续聘请你，因为这符合投入产出比。当然，培训不是万能的，当一个组织或企业的管理制度或管理体制存在缺陷时，问题就不是培训能够解决的，而要从上面领导者的决心和决策入手解决。

小结

就像老师对学生负责一样，每一个职业培训师都应该了解企业的经营目标，我们也必须了解企业对员工的要求。我们通过培训施加的影响，是否能让他的行为发生改变？我们要承担提高企业绩效目标的训练工作，能否可以通过影响他人、改变他人，去实现自己的专业影响力？这是培训师的一个责任，也是一个使命。在完成这个使命之前，我们还需要记得一个原则：成就他人，必须先成就自我。培训绝对不能心存“以其昏昏，使人昭昭”的侥幸心理。因为你自己都非常糊涂的事情，却想让别人明白，那怎么可能呢！人生的历练和认识高度，行业的经验和实践体悟，表达的精炼与沟通的技巧都将令培训师超越一般的教师角色，成为推动职业者行为改变的重要力量。

朱俐安

2012-5-30

图书在版编目（CIP）数据

会发问的人赢得一切——TTT 五个一结构工具 / 朱俐安著 .
— 桂林 : 漓江出版社 , 2017.4
（“工作道”系列丛书）
ISBN 978-7-5407-6719-8

Ⅰ . ①会…　Ⅱ . ①朱…　Ⅲ . ①企业管理 — 职工培训　Ⅳ . ① F272.92

中国版本图书馆 CIP 数据核字 (2017) 第 058613 号

会发问的人赢得一切——TTT 五个一结构工具

作　　者：朱俐安
策划统筹：符红霞
责任编辑：谷　磊　王成成
责任监印：周　萍

出 版 人：刘迪才
出版发行：漓江出版社
社　　址：广西桂林市南环路22号
邮　　编：541002
发行电话：0773-2583322　010-85891026
传　　真：0773-2582200　010-85892186　　邮购热线：0773-2583322
电子信箱：ljcbs@163.com
http://www.Lijiangbook.com
印　　制：北京大运河印刷有限责任公司
开　　本：715 × 960　1/16　　印　　张：15　　字　　数：110千字
版　　次：2017年4月第1版　　印　　次：2017年4月第1次印刷
书　　号：ISBN 978-7-5407-6719-8
定　　价：52.00元